Taliman Sluga

Das österreichische BIER KOCHBUCH

VERLAG ANTON PUSTET

Taliman Sluga

Das österreichische Bier-Kochbuch

Rezepte: Taliman Sluga und Franz Peier

Foodfotografie: Werner Krug

VERLAG ANTON PUSTET

Taliman Sluga

Das österreichische BIER KOCHBUCH

VERLAG ANTON PUSTET

Impressum

Bibliografische Information der Deutschen Nationalbibliothek
Die Deutsche Nationalbibliothek verzeichnet diese Publikation in der Deutschen Nationalbibliografie; detaillierte bibliografische Daten sind im Internet über http://dnb.d-nb.de abrufbar.

Rezepte: Taliman Sluga und Franz Peier
Foodfotografie: Werner Krug

Grafik, Satz und Produktion: Tanja Kühnel
Lektorat: Anja Zachhuber
Druck: Těšínská tiskárna, Tschechien
Gedruckt in der EU

ISBN 978-3-7025-0973-6

www.pustet.at

Inhalt

Vorwort

Das beste Buch, das je gebraut wurde!

Meine erste Erfahrung mit Bier machte ich im Haus meiner Großeltern in Villach. Mein Großvater stellte in einem großen blauen OMO-Topf nach einem alten Rezept, das ich mir in späteren Jahren aus dem Slowenischen übersetzen ließ, selbst Bier her:
10 Liter Wasser mit 300 Gramm Kneipp-Malz 1,5 Stunden kochen. Dann 20 Gramm Hopfen dazugeben und eine weitere halbe Stunde kochen lassen. ½ Kilogramm Zucker in einem weiteren Topf mit etwas Wasser aufkochen, wieder abkühlen lassen und in den großen Topf dazugeben. Abkühlen, aber nicht zu kalt werden lassen und 20 Gramm Germ zerbröselt dazugeben. Dann 24 Stunden stehen lassen. Den Schaum abschöpfen. Das Bier in Flaschen abfüllen – nicht ganz vollfüllen – und gut und fest verschließen. Sechs Tage an einem kühlen Ort stehen lassen. Dann ist das Bier trinkfertig.
An meinen ersten Biergenuss kann ich mich nicht mehr genau erinnern, aber nach dem ersten Schluck „verbesserte“ ich das Getränk mit Zucker – eine „überschäumende“ Erfahrung. Ohne Gott und Malz anzurufen, wünsche ich Ihnen und uns viel Erfolg mit diesem überschäumenden Buch.

Taliman Sluga

Blitzlichter aus der Geschichte des Bierbrauens und der Braustätten

Die Anfänge der Braukunst liegen nach berechtigten Vermutungen von Archäologinnen und Archäologen vor ungefähr 8.000 bis 9.000 Jahren in Mesopotamien. Nachgewiesen ist, dass vor rund 6.000 Jahren die Sumerer als die Erfinder des Bieres gelten dürfen. Auf einer Tontafel aus dieser Zeit findet sich das älteste bekannte Bierrezept eingeritzt.

Sumerer beim Biergenuss mit langen Strohhalmen

Bei den Ägyptern galt Bier als Volksgetränk. Es wurde damals aus halb gebackenen Gerstenbroten gebraut, die einfach mehrere Tage im Wasser stehen gelassen wurden. Vor dem Anbau von Trauben war Bier bei den Etruskern und Römern sehr beliebt. Um die Geburt Christi kommt Bier aus der Mode und weicht allmählich dem Wein. Es verliert an Bedeutung, bis es im frühen Mittelalter vor allem nördlich der Alpen wieder an Beliebtheit gewinnt. Zur Zeit Karls des Großen wurde Bier in den Haushalten gebraut – von den Frauen! Im frühen Mittelalter wurde die Bierproduktion Sache der Grundherren, im 9. Jahrhundert entstanden die Klosterbrauereien, deren Bier so beliebt wurde, dass man eigene Höfe dafür einrichtete. Man schenkte drei Sorten Bier aus: für die Mönche, für die Knechte und Pilger und für das gemeine Volk. Das älteste in Österreich gebraute Bier war vermutlich Steinbier,

Bierbrauerdarstellung aus dem 17. Jahrhundert

benannt nach der besonderen Brauweise mit heißen Steinen. Auf bäuerlichen Gehöften war die Steinbierbereitung so selbstverständlich wie Brotbacken. Urkundlich zwar erst im 14. Jahrhundert belegt, ist Steinbier sicher schon viel länger hergestellt worden. Im Jahr 1751 gab es in Villach 22 Steinbrauereien, 1885 in Kärnten sogar 65. Allmählich wurde die Steinbiertechnik von der Pfannenbrautechnik abgelöst.

Die klösterlichen, bäuerlichen und bürgerlichen Braustätten waren lange Zeit in Konkurrenzkämpfe verstrickt, da die Klöster – von Steuern befreit – gewissermaßen Wettbewerbsvorteile besaßen. Nach der Reformation und vor allem nach der Säkularisierungswelle unter Joseph II. gerieten viele Klosterbrauereien in Schwierigkeiten und wurden von privaten Unternehmern erworben. So geschah es beispielsweise in Göss oder in Zwettl. Die beiden einzigen verbliebenen österreichischen Klosterbrauereien gibt es in Oberösterreich, nämlich in Schlägl und in Engelszell.

Das erstarkende Zunftwesen seit dem 13. Jahrhundert, auch im Brauereibereich, sorgte aber andererseits wieder für eine Wahrung der Interessen vor allem der bürgerlichen Brauer.
Zum Thema Reinheitsgebot ist im Kapitel „Bierstile, Biersaisonen und Reinheitsgebot“ einiges nachzulesen. Im Laufe der Jahrhunderte gab es zahlreiche Gebote, Gesetze und Verordnungen neben dem besagten Reinheitsgebot – eigentlich eine lebensmittelrechtliche Vorschrift, gleichzeitig aber auch ein Freibrief für ein herrschaftliches Monopol der Weizenbierproduktion. So gab es unter Kaiser Friedrich III. im 15. Jahrhundert schon eine erste Bier-Prohibition.
Aus Grazer Geschichtsbüchern ist zu erfahren, dass Brauereien zu Beginn des 18. Jahrhunderts daselbst vornehmlich im Nebenerwerb als Kapitalanlage von Handelsleuten, Gastwirten, Handwerkern, Advokaten, Geldwechslern oder reich gewordenen Bürgern betrieben wurden. Diese stellten meist gelernte Brauer aus Salzburg oder Bayern an.

Die älteste Nachricht über einen Brauer in Graz stammt aus dem Jahr 1478, wo Kaiser Friedrich III. dem Arzt Hanns Hesse erlaubte, Bier zu brauen und gegen eine Abgabe auch auszuschenken. 1487 erhielt der Bader Niclas Taler dasselbe Vorrecht. Da sein Haus weggeschwemmt worden war, entstand in der Folge wohl das erste bekannte Brauhaus in Graz. Noch heute heißt ein Gasthaus in der Sackstraße „Bierjackl“, es geht auf dieses erste Grazer Brauhaus zurück. Nachdem im Mittelalter Bier in Graz eigentlich eher wenig konsumiert wurde, nahmen ab dem 16. Jahrhundert Produktion und Konsum langsam zu, sodass in den folgenden Jahrhunderten in der heutigen Innenstadt, bald auch in der Mur-Vorstadt und im Umland bereits mehrere Brauereien entstanden. Anfang des 18. Jahrhundert gab es 12, 1747 bereits 15 und 1780 schließlich 16 Mitglieder in der Brauerzunft. Damals gab es aber auch – erfolgreiche – Bestrebungen bezüglich Zusammenlegungen und Begrenzung der Zahl der Brauereien. 1712 wurden die

Brauhäuser wegen der Feuergefahr von der Inneren Stadt allmählich gänzlich in die Vorstädte verlegt. Eine heutzutage kurios anmutende Verordnung ist aus dem Jahr 1723 bekannt, da wurde je Maß Bier ein „Bierkreuzer“ zur Erhaltung der Wege und Straßen eingehoben.

Die Steiermark (mit der sog. Untersteiermark) war zur Zeit der Habsburgermonarchie jenes Land mit den meisten Brauereien, 1887 waren es 67, davon 11, die mehr als 10 000 Hektoliter im Jahr erzeugten. Die Standorte waren Graz und Umgebung, Marburg, Göss, Farrach, Judenburg, Feldbach, Fürstenfeld, Köflach, Cilli, Leoben, Mürzzuschlag und Rottenmann. Die genannten Brauereistandorte arbeiteten damals bereits mit modernen Einrichtungen für Mälzerei, Sud und Kühlung. Zumeist wurden untergärige Biere, wie Lager, Märzen und Export, gebraut, die bis nach Dalmatien, Italien und Alexandrien in Ägypten verkauft wurden.

In der Oststeiermark, eigentlich keine traditionelle Biergegend, findet man in Fürstenfeld

Aigen bei Irdning, Steiermark, o.J.

eine der ältesten gewerbsmäßig betriebenen Brauereien der Steiermark. 1755 finden zwei Brauereien Erwähnung, einer ihrer Brauer dürfte der Lehrmeister von Matthias Pferschy gewesen sein, der zum Ende des 18. Jahrhunderts in Fürstenfeld seine Brauerei gründete und sich in die damals einzige Zunftlade der Steiermark in Leoben einkaufte. In der Gegend von Fürstenfeld wurde auch Hopfen angebaut, und der Hopfenbauverein nordöstliche Steiermark hatte dort

Bürgerliches Brauhaus in Pilsen, 1896

Brauerei Lapp, Rottenmann, o. J.

seinen Sitz. Gebraut wurde mehr mit Hafer als mit Gerste oder Weizen. Die Brauerei bestand bis zum Ersten Weltkrieg.

In Böhmen nahmen der Hopfenanbau und die Brauwirtschaft in der ersten Hälfte des 19. Jahrhunderts einen besonderen Aufschwung. 1842 eröffnete die brauberechtigte Bürgerschaft von Pilsen den Betrieb des neuen Bürgerlichen Brauhauses mit einer jährlich steigenden Produktion. Die Geschichte des Pils ist mittlerweile Legende. Böhmen war und Tschechien ist eine wichtige Bierregion. Mit ein Grund dafür sind die traditionellen Hopfenanbaugebiete, in denen schon zur Zeit der Habsburgermonarchie der berühmte und begehrte Hopfen produziert wurde. Der Saazer Hopfen ist schon seit Jahrhunderten ein Begriff. Die älteste Abbildung von Saaz und seinen Hopfengärten stammt von Jan Willenberg aus dem Jahr 1602. 1934 sind in der Stadt 161 Hopfenunternehmen und

53 Hopfenpackanlagen registriert. Heute werden in Tschechien an vier Standorten (Saaz, Úštek, Duba und Tršice) auf 5.210 Hektar Hopfen angebaut.
Die Tiroler waren seit jeher ein bierliebendes Volk. Tirol darf für sich in Anspruch nehmen, das erste urkundlich erwähnte Brauhaus

Das Hopfenkranzfest in Saaz, 1894

Österreichs – 1305 vermutlich in Wilten bei Innsbruck – zu besitzen. Dann folgt aber schon Oberösterreich, wo 1316 ein „Prevhaus" in Hollenburg an der Donau und 1446 die Kellerbrauerei in Ried im Innkreis beurkundet sind. 1797 waren in Oberösterreich 332, 70 Jahre später noch 290 Brauereien verzeichnet. Aus dem Jahr 1889 stammt der Bericht aus Oberösterreich, wonach es 239 Brauereien gab, die jährlich 850.000 Hektoliter Bier ausstießen – mehr als ein Drittel kam von den 15 größeren unter ihnen: „Das oberösterreichische Bier ist durchwegs ein gutes, theilweise sogar ein vortreffliches Fabricat und findet seinen Absatz im Lande selbst und in den benachbarten Kronländern."
Ebenfalls aus dem Jahr 1889 wird über Salzburg geschrieben, dass die dortige Bierproduktion wegen des Umfangs ganz besonders hervorzuheben sei. 1885 waren 59 Brauereien registriert, die gerechnet pro Kopf auf die damalige Salzburger Bevölkerung 170 Liter Bier brauten. Als Brauorte werden Kaltenhausen, Guggenthal,

Riedenburg, Henndorf, Salzburg, Schwarzach und Hallein extra angeführt.
Im 19. Jahrhundert sind zumindest drei Namen zu nennen, die in der Folge für die Bierproduktion bedeutend sind. Einerseits Louis Pasteur, der die Mitwirkung von Mikroorganismen bei der Gärung entdeckte. Die Frage, ob ein Bier gelang oder sauer wurde, war damit nicht mehr dem Zufall überlassen. Andererseits Emil Christian Hansen, der wissenschaftlich nachwies, dass es nicht nur die unter- und obergärige Bierhefe gibt, sondern innerhalb dieser Arten unzählige Rassen mit unterschiedlichen Eigenschaften. Zum Dritten muss Carl von Linde genannt werden, der eine brauchbare Kältemaschine entwickelte, die auch gleich in den Brauereien eingesetzt wurde. Bis dahin wurden überwiegend dunkle, obergärige, schlecht haltbare und nicht lagerfähige Biere gebraut. Und noch ein Name ist wichtig: Anton Dreher erfand das sogenannte Lagerbier, das von Wien aus seinen Siegeszug um die ganze Welt antrat.
In den letzten Jahrzehnten des 20. Jahrhunderts entstanden wieder mehr kleine (Wirtshaus-)Brauereien, und schon verloren geglaubte Bierspezialitäten wurden wieder nach alten Rezepten gebraut. Die Kleinbrauer haben aber zusätzlich viele Ideen und Experimente in die Bierproduktion einfließen lassen. Bierliebhaber nahmen dies alles sofort begeistert auf. Damit ging auch eine entsprechende Bierkultur einher. Bald schon war es durchaus statthaft, auch

Brauerei Neukirchen am Walde, 1905

in Haubenlokalen ein gepflegtes Pils als Aperitif zu bestellen. Die Aktivitäten der Kleinbrauereien und deren Kreativität haben nicht nur das Biersortiment erweitert, sondern auch ein neues Bewusstsein für das Lebens- und Genussmittel Bier geschaffen. Auch die großen Brauereien haben zum überwiegenden Teil mitgezogen und diese neue Bierkultur mitgetragen. Der durchschnittliche Bierkonsum ist in den letzten drei Jahrzehnten in etwa gleichgeblieben, verändert haben sich aber Qualität und Vielfalt.

Ein paar Zahlenspiele zum Schluss. Österreich liegt mit rund 106 Litern Bierverbrauch pro Kopf (2019) im Spitzenfeld des Bierkonsums in Europa. Wir teilen uns die Stockerlplätze mit Tschechien und Deutschland. Rund 10 Millionen Hektoliter wurden 2019 in Österreich offiziell in rund 300 Klein-, Gasthaus-, Privat- und Großbrauereien produziert und letztlich auch getrunken.

Lendbräu Graz, Ende 1990er-Jahre

Die Herstellung von Bier

Die Herstellung von Bier ist anhand der Definition schnell erklärt, die Umsetzung aber geradezu eine Kunst. Wie später noch eingehend behandelt wird, ist Bier „ein aus Zerealien (Getreide), Hopfen und Wasser durch Maischen und Kochen hergestelltes, durch Hefe vergorenes, alkohol- und kohlensäurehaltiges Getränk." So weit, so gut. Doch Bierbrauen hat nicht nur eine lange Geschichte, sondern auch seine Geheimnisse. Im Prinzip ist das Vorgehen immer dasselbe, alle Braumeister arbeiten nach dem gleichen System, dennoch gibt es feine Unterschiede – in der Brautechnik wie bei den Ingredienzien.

Der Brauprozess in seinen grundlegenden Schritten

1. Das Malz wird in der Schrotmühle zerkleinert und in der Maischepfanne mit warmem Brauwasser vermengt.
2. Die sogenannte Maische wird erhitzt. Stärke wird zu Malzzucker. Mineralstoffe, Vitamine und Eiweiß lösen sich.

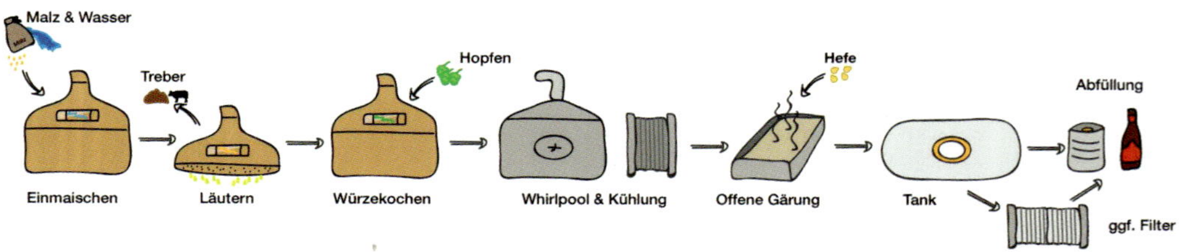

Schema Bierherstellung

3. Die Maische wird im Läuterbottich von unlöslichen Bestandteilen getrennt. Der Rückstand (Treber) dient unter anderem als Tierfutter.
4. Die gewonnene Flüssigkeit, die Würze, wird in der Würzpfanne mit Hopfen versetzt und gekocht. Danach wird die Konzentration des gelösten Extraktes (Stammwürze) bestimmt.
5. Die noch heiße Würze fließt nun zur Klärung durch den sogenannten Whirlpool und wird abgekühlt.
6. Jetzt wird die Hefe beigegeben. Im Verlauf der Gärung wandelt sie den Malzzucker in Alkohol und Kohlensäure um.
7. Im Gärtank formen sich auf der Oberfläche nach einigen Stunden prächtige Schaumgebilde, Kräusen genannt. Nach einer Woche ist die Hauptgärung beendet, aus der Würze ist Jungbier entstanden. Man unterscheidet zwei Arten von Bierhefen (und in der Folge Bieren): Untergärige Hefen setzen sich am Ende der Gärung am Boden ab (Gärtemperatur unter 10 °C), obergärige Hefen werden an die Oberfläche des Jungbiers getragen (Gärtemperatur 15 bis 25 °C). Dadurch entstehen Biere mit fruchtigerem Geschmack.
8. Im Lagertank folgt die Nachgärung, Reifung und Klärung des Bieres. Durch den Druck im Tank sättigt sich das Bier mit eigener Kohlensäure, was wichtig für Schaumbildung, Geschmack und Bekömmlichkeit ist. Das Bier wird auf Temperaturen um den Gefrierpunkt abgekühlt. Nach einigen Wochen hat es seine Konsumreife erreicht.
9. Das Bier wird nun glanzfein filtriert oder naturbelassen in Fässer, Flaschen oder Dosen abgefüllt.

Bierstile, Biersaisonen und Reinheitsgebot

Im *Codex Alimentarius Austriacus* werden die heimischen Bierkategorien rechtsverbindlich über die Stammwürze oder über den Alkoholgehalt festgelegt. Man unterscheidet Bierstil bzw. Biertyp und Biersorte. Es gibt den Bierstil/Biertyp Märzen und es gibt zum Beispiel die Sorte Hofstettner Märzen oder Bergquell von Bruckners Erzbräu. Farbe, Klarheit, Duft und Geschmack sind historisch gewachsene Stilelemente. Ein Bierstil/Biertyp umfasst also eng verwandte Biere und ist dadurch quantitativ messbar und qualitativ beschreibbar. Das wichtigste Kriterium ist die Stammwürze, die den Anteil an wertvollen Bestandteilen in der unvergorenen Bierwürze bezeichnet. Gemessen wird sie in Grad Plato. Ein Grad Plato (1 °P) Stammwürze bedeutet, dass in 100 Gramm unvergorener Würze 1 Gramm Extrakt (also gelöste Stoffe aus Malz und Hopfen) enthalten ist.

Das Klassifikationsschema des European Beer Star

Quantitative Bewertung

- Stammwürze in Grad Plato
- Alkohol in Gewichts- und/oder Volumenprozent
- Bittere in EBC-Bittereinheiten

Qualitative (verbale) Beschreibung:

- Gärung (Ober-, Unter-, spontane Gärung)
- Vollmundigkeit
- Malzcharakter
- Hopfenbittere
- Hopfengeschmack und Geruch
- Reinheit (hier wird etwa festgelegt, ob fruchtige Ester und oder Diacetylgeruch zum Stil gehören oder nicht)

Eine profunde Schätzung geht von weltweit etwa 200 Bierstilen aus. Es entstehen aber laufend neue Stile, auch als Stilmixe. Auch Herkunftsbezeichnungen haben Tradition wie Bockbier, das auf die ehemalige Hansestadt Einbeck, oder Pils, das auf die böhmischen Stadt Pilsen, zurückgeht. Hier finden Sie nun die in Österreichs Klein- und Privatbrauereien produzierten Bierstile.

Ale

Englische Bezeichnung für ein obergäriges Bier in unterschiedlichen Geschmacksrichtungen, Farben und Stärkegraden. Es gibt zahlreiche Aletypen wie Bitter, Cream Ale, Brown Ale, Pale Ale, India Pale Ale, Irish Ale, Mild, Old Ale, Scottish Ale, Barley Wine.

Alt

Ein Bier nach „alter" Brautradition hergestellt, obergärig und dunkel. Es kann hopfenbitter bis malzig-süß sein.

Barley Wine

Ein obergäriges Ale mit hohem Alkoholgehalt von 10–13 % und einem sehr starken Geschmack.

Bitter

Englische Bezeichnung für ein stark gehopftes, obergäriges Ale vom Fass. Im übrigen Europa zumeist untergärig gebraut.

Bock

Bezeichnung für ein ursprünglich „Einbeckisches" genanntes untergäriges Starkbier, hell und dunkel (mit dunklem Malz gebraut). Varianten sind Doppelbock, Maibock und Eisbock.

Braunbier

Obergärige, belgische Spezialität, süßlich-sauer, komplexer Geschmack, erinnert an Gewürze oder Rosinen. Bevorzugt zur Herstellung von Süßspeisen verwendet.

Brown Ale
Obergäriges englisches Bier mit gebratenem und karamellisiertem Malz.

Chilibier
Meist ein Lager mit Chilischoten gebraut.

Dinkel
Es wird Dinkelmalz anstelle von Gerstenmalz verwendet.

Doppelbock
Stammwürzegehalt von mindestens 18 %, die Biernamen enden zumeist auf -ator.

Double, Dubbel
Obergäriges, zweifach vergorenes (belgisches) Bier.

Dry Beer
Wird hoch vergoren, meist mit kurzem und intensivem herb-würzigen Geschmack.

Dry Stout
Stouts sind in der Regel Dry Stouts mit herbem Charakter, tiefschwarzer Farbe, vollmundigem Aroma und cremigem Schaum. Die bekanntesten irischen Dry Stouts sind Guinness, Beamish und Murphy.

Dunkles Bier
Bei der Verwendung von dunklem Malz entsteht dunkles Bier. Das Darren von dunklem Malz findet bei höherer Temperatur statt, somit wird das Malz je nach Temperatur karamellisiert. Das dunkle Malz gibt den dunklen Bieren die besondere Geschmacksnote und vor allem die Farbe.

Eisbock
Starker Doppelbock, dem durch Ausfrieren ein Teil des Wassers entzogen und damit der Alkoholgehalt stark erhöht wird. Der Legende nach durch einen vergesslichen Lehrling zufällig hergestellt.

Export, auch Gold, Privat oder Spezial

Helles, untergäriges Bier, schwerer und weniger herb als Pils. Die Bezeichnung „Export“ stammt von den damit verbundenen guten Transporteigenschaften.

Fruchtbiere

Obergärige Vollbiere, denen während der Haupt- oder Nachgärung Früchte oder Fruchtextrakte zugesetzt werden.

Hanfbier

Mit Hanfblüten vergorenes Bier.

Hefeweizen

Auch als naturtrübes Weizen bezeichnet. Entweder unfiltriertes Bier mit Nachreifung in der Flasche oder das Bier wird filtriert oder zentrifugiert und mit einem Schuss Sediment aus der Würzepfanne versetzt. In allen Fällen findet eine Nachgärung in der Flasche statt. Ergibt Biere mit unterschiedlichem Charakter und Geschmack.

Helles

Goldblond, weniger bitter als ein Pils, meist im süddeutschen Raum gebraut.

Kellerbier

Hopfenbetont, vollmundig, dunkle Farbe, naturtrüb, untergärig, niedriger Kohlensäuregehalt, Stammwürzegehalt 12–13 %.

Eisbier, Ice-Bier

Durch starke Kühlung wird das Eiweiß im Bier entfernt. Das ergibt einen weicheren Geschmack des Bieres.

IPA India Pale Ale, Imperial IPA

India Pale Ales sind weitaus kräftiger als Ales, sowohl vom Alkohol als auch von der Hopfung her, da oftmals das Hopfenaroma sehr erhöht wird, die Biere also „hopfengestopft“ sind.

Kreativbier

Ein Bier, das sich in keinen der Bierstile klar einordnen lässt. Meist mit besonderen Zusätzen oder Brauvorgängen.

Kriek

Das wahrscheinlich bekannteste belgische Bier, ein Lambic, bei dem Kirschen zum Gärvorgang hinzugegeben werden. Ein österreichisches Kirschbier gibt's von der Brauerei Herzog und von Kaltenhausen.

Lager

Alle untergärigen Biere werden als Lagerbier bezeichnet. Stammwürze 11–12 %, gering gehopft und leicht im Trunk. Werden auch als Hell- oder Vollbier bezeichnet.

Lambic oder auch Lambiek ist eine belgische Bierspezialität, die durch Spontangärung entsteht.

Leichtbier, auch Schankbier

Dieses Bier hat meist einen niedrigeren Stammwürzegehalt zwischen 7–12 % und daher nur ca. die Hälfte an Alkoholgehalt im Vergleich zu den „normalen" Vertretern wie Pilsner, Weizen, Kölsch, Alt usw.

Malzbier oder Malztrunk

Ein zumeist sehr alkoholarmes Bier mit einem Stammwürzegehalt von 12–13 % und ohne Hopfenzusatz gebraut. Mitunter mit Zuckerzusatz, schmeckt daher auch süßlich.

Märzen

Der Name „Märzen" kommt vom alten Brauch, untergäriges Bier zum Winterende, im gerade noch kalten Eiskeller – eben im März – zu brauen, damit man es bis spät in den Sommer hinein lagern kann. Ein Spezialmalz gibt dem Märzen einen milden, malzigen Geschmack. Klassisch ist es goldgelb, es gibt jedoch auch dunkles Märzen.

Pale Ale

Ein obergäriger, mit dem Bitter vergleichbarer Ale-Typ. Hat meistens einen etwas höheren Stammwürzegehalt und eine bessere Gesamtqualität durch die Verwendung eines speziellen Pale-Ale-Malzes.

Pilsner, Pils

Pils ist nicht nur ein Biertyp, sondern vielmehr eine Brauart, nach der erstmals im Jahr 1842 vom bayerischen Braumeister Josef Groll im böhmischen Pilsen gebraut wurde. Helles Malz, untergärige Hefe und sehr aromatischer Hopfen mit einem weichen Wasser gebraut, ist es hell und goldfarben, manchmal – wenn auch selten – dunkel, also mit dunklem Malz gebraut.

Porter

Ein Londoner Biertyp, benannt nach den hart arbeitenden Dockarbeitern. Ein dunkles obergäriges Bier, in der Regel etwas leichter im Geschmack als ein Stout.

Rauchbier

Die Hauptkomponente für den charakteristischen rauchigen Geschmack bildet Malz, das über einem Holzfeuer getrocknet wurde.

Roggenbier

Anstelle von Gerstenmalz wird hier überwiegend Roggenmalz für dieses obergärige Bier verwendet.

Schwarzbier

Aufgrund des farbgebenden Braumalzes meist tiefschwarzes untergäriges Bier mit Pils-Charakter, das durch die Röstnote schon fast wie ein Stout schmeckt.

Starkbier

Ursprünglich eine Steuerbezeichnung für Biere mit einem Stammwürzegehalt von 16–28 % und damit 6,4–11,2 % alc Alkohol.

Steinbier
Natursteine werden über offenem Feuer erhitzt und in die Würze getaucht, worauf der Malzzucker karamellisiert und sich auf der Steinoberfläche absetzt. Bei der Nachgärung werden diese Steine dann erneut hinzugegeben, um den Geschmack wieder abzugeben. Das Bier hat dann einen eigentümlichen rauchigen Geschmack, ähnlich dem Rauchbier.

Stout
Ursprünglich „Stout-Porter", sehr dunkles obergäriges Bier. Röstcharakter, mit Schokolade- oder Karamellnote. Varianten sind Sweet Stout, Dry Stout, Oatmeal Stout oder Imperial Stout.

Trappistenbier
Obergärig gebraut und flaschengereift, ist Trappistenbier zumeist süß und stark, aber es gibt es auch mit herber Note. Darf nur den Namen tragen, wenn es in einem Trappistenkloster gebraut wurde.

Triple
Obergäriges (belgisches) Bier, durch dreifache Gärung noch stärker als Double.

Vollbier
Wieder ein Begriff aus dem Steuerbereich für Biere im begrenzten Stammwürzebereich von 11–14 %. Damit ist jedes Pilsner, Export, Lager oder Weizen in der Regel ein Vollbier. Vollbiere machen deswegen einen überwiegenden Teil der gebrauten Biere aus.

Weizen oder Weißbier
Entsteht unter hauptsächlicher Verwendung von Weizenmalz anstelle von Gerstenmalz. Die gefilterte Variante wird „Kristallweizen", die ungefilterte mit Hefepartikeln im Bier wird „hefetrüb" oder „Hefeweizen" genannt. Weizen gibt es als Spezialität auch dunkel.

Weizenbock

Bockbier, das mit Weizenmalz gebraut wird. Je nach Malzart erhält man dunklen oder hellen Weizenbock.

Wiener

Auch als Wiener Export oder Wiener Lager bezeichnet. Untergäriges Lagerbier mit bernstein- bis kupferfarbener Tönung. Sanfte Malzigkeit, malzig-süßlich und würzig im Aroma. Ursprünglich in Wien eingeführt und dann in München durch die Spaten-Brauerei verbreitet, da jedoch als Märzen beziehungsweise Oktoberfestbier.

Zwickelbier

Unfiltriertes, meist untergäriges Bier mit einem anderen Charakter als Kellerbier oder Kräusen. Dieser Bierstil wird häufig von Kleinbrauereien produziert und sie haben so auch die größeren Bierproduzenten zur Herstellung angeregt.

Biersaisonen

Das Biertrinken richtet sich nach den Jahreszeiten: Zur Winterszeit meist obergärige, kräftige und bernsteinfarbene Biere, in der warmen Jahreszeit leichte, spritzige, süffige und untergärige – wird allgemein gesagt. Es ist gewiss ein Vorurteil, dass Bier im Sommer leicht, im Herbst malzbetont und im Winter alkoholreich sein soll. Aber so war es immer und ist es noch in den meisten Köpfen. Als es noch keine Kühlgeräte für Brauereien gab, musste man wohl oder übel mit der Jahreszeit brauen, das heißt, Untergäriges im Winter, Obergäriges im Sommer. Heutzutage ist diese Aufteilung aber obsolet. Auch alle anderen Komponenten für das Bierbrauen sind ganzjährig verfügbar. Damit sind diese historischen Einteilungen nur mehr meist unreflektierte Traditionen.

Damit verhält es sich beim jahreszeitlich bevorzugten Bierkonsum wie auch bei den Bierstilen und -sorten: Es ist erlaubt, was schmeckt.

Allerdings macht es Sinn, manche Biere dennoch nur zu bestimmten Zeiten zu brauen, Kastanienbier zur Kastanienzeit, Holunderbier zur Holunderzeit, Kirschbier zur Kirschenzeit: Dann freut man sich alle Jahre wieder auf SEIN Saisonbier. Viele der Klein- und Privatbrauereien tragen dem Rechnung und haben in ihrem Sortiment solche Saisonbiere – nicht nur die Starkbiere.

Das Reinheitsgebot

„… Wir wöllen auch sonderlichen / das füran allenthalben in unsern Stetten / Märckthen / unn auf dem Lannde / zu kainem Pier / merer stückh / dann allain Gersten / Hopfen / unn wasser / genommen unn gepraucht sölle werdn …"

„… Ganz besonders wollen wir, dass forthin allenthalben in unseren Städten, Märkten und auf dem Lande zu keinem Bier mehr Stücke als allein Gersten, Hopfen und Wasser verwendet und gebraucht werden sollen …"

So hieß es anno 1516 unter Herzog Wilhelm IV. von Bayern. Dieses Reinheitsgebot ist spannend. Es ist nicht nur die wohl älteste lebensmittelrechtliche Vorschrift, wer genau liest, bemerkt außerdem noch, dass da von Hefe keine Rede ist. Nun werden einige sagen, dass man damals Hefe noch gar nicht kannte, weil ja erst ein gewisser Louis Pasteur im 19. Jahrhundert diese Mikroorganismen entdeckt und 1876 beschrieben hat. Tatsächlich wusste man – auch in Bayern – im 16. Jahrhundert sehr wohl, dass man Hefen vom jeweils vorherigen Brau- und Gärvorgang ernten und dem Jungbier zugeben musste. Nicht von ungefähr hat Herzog Albrecht IV. (1447–1508) festgelegt, dass die Bäcker ihre Backhefe von den Münchner Bierbrauern beziehen mussten.

Durch das Reinheitsgebot, eigentlich erst seit 1930 so genannt, sollte ursprünglich ausdrücklich Gerste als Rohstoff für das Bier festlegt werden. Überall – außer am Hof – sollte mit Gerste gebraut werden, damit wurde dem Hof das Monopol auf Weizenbier festgeschrieben, das auch als Privileg weitergegeben beziehungsweise auch weiterverkauft werden konnte. In Deutschland ist das Reinheitsgebot vor allem für kleine Brauereien eine Fessel, weil ja jeder im Grunde gleich brauen muss und große Brauereien aber natürlich viel billiger produzieren und verkaufen können.

In Österreich sind wir da biergourmettechnisch besser dran. Hier gilt der *Codex Alimentarius Austriacus* und man fragt sich, ist Bier, das nicht nach dem Reinheitsgebot gebraut wird, weniger rein oder gar schädlich? Aber ich kann Sie beruhigen, denn die mit Abstand größte Gefahr, die im Bier steckt, ist der Alkohol – sofern man ihn unmäßig konsumiert.

Aus dem *Codex Alimentarius Austriacus* zum Thema Bier: „Bier ist ein aus Zerealien, Hopfen und Wasser durch Maischen und Kochen hergestelltes, durch Hefe vergorenes, alkohol- und kohlensäurehältiges Getränk …"

Der österreichische Lebensmittelcodex verbietet jegliche chemische Konservierungsmittel im Bier und lässt keine künstlichen Zusätze zur Geschmacksverbesserung zu. Damit österreichisches Bier nur Natur pur enthält, werden auch strengste Anforderungen an die österreichische Brautechnik gestellt.

In Österreich gibt es etliche sehr erfolgreiche Brauereien, die Biere jenseits des deutschen Reinheitsgebots brauen. Sie setzen für einen Teil ihrer Lagerbiere Reis, Mais, Roggen, Hafer oder Weizen oder überhaupt – in Deutschland verpönte – Zutaten wie Früchte oder Gewürze, vornehmlich in Bio-Qualität, ein. Daraus entstehen höchst interessante Biere, die in dieser Form in Deutschland nicht gebraut werden dürften. So mancher österreichische Brauer nennt daher im Hinblick auf potenzielle Exportchancen seine Kreativbiere auch gar nicht Bier. Mit ihren Bierkreationen sind Österreichs Klein- und Privatbrauer der deutschen Konkurrenz oft sehr weit voraus.

Bierkultur: Glas und Temperatur

Glas

Je nach Biertyp braucht es unterschiedliche Gläser, um zunächst für die Nase das Bukett und in der Folge die Aromastoffe richtig zur Geltung zu bringen. Ein und dasselbe Bier schmeckt aus verschiedenen Gläsern unterschiedlich. Das liegt vor allem an der Glasdicke und der resultierenden Zungenstellung sowie am Raum, in dem sich Gerüche sammeln können. Die einfachste Faustregel: Je schlanker das Bier, desto schlanker das Glas. Für die meisten Biere sollten jedoch Gläser verwendet werden, die nach oben hin nicht allzu breit werden, sonst zerfließt mit dem Schaum auch ein großer Teil des Biergenusses.

Einige Beispiele

Leichtbier: dünnwandiger Pokal
Pils: dünnwandiger Pokal, der nach unten eng zuläuft, oder gerade zylindrische Form
Lager/Märzenbier: Becher, Seidel, Tonkrug
Spezialbier: Seidel, Tonkrug
Porter, Stout: Pintglas, steiler Becher, Pokalglas
Ale, Belgisch Style Bier: Kelch mit breiter Öffnung, geschwungenes Tulpenglas
Bockbier: bauchiges Glas, evtl. Tonkrug, wenn stark gehopft, auch Pils-Pokal
Doppelbock: Schwenker, bauchiges Glas
Weizenbier: Weizenbierglas, eher dickwandig und bauchig, damit sich das Aroma entfaltet

Das Bierglas und seine Folgen

Die Form des Glases ist aber auch für die Trinkmenge von elementarer Bedeutung. Britische Forscher der Universität Bristol haben

Romantisierende Darstellung der „Alten Germanen“ mit Trinkhorn, 1905

herausgefunden, dass Biergläser, die nach unten hin schmäler werden, zu einem rascheren und somit einem höheren Alkoholkonsum führen. Viele Menschen richten ihre Geschwindigkeit beim Alkoholkonsum danach aus, wie schnell sie die Hälfte des Glases geleert haben.

Vom Trinkhorn zum Bierglas

Trinkhörner

Als Trinkhorn bezeichnet man ein ursprünglich aus Rinderhörnern angefertigtes Trinkgefäß. Archäologische Nachweise stammen bereits aus der Bronzezeit und der späteren Eisenzeit Trinkhörner finden wir auch bei den Griechen (Rhyton) oder bei den Römern (cornu urii). Neben silber- und goldverzierten Trinkhörnern wurden im Mittelalter auch Elefantenzähne, Nashorn- und Narwalzähne mit Schnitzereien verziert. Ab dem 15. Jahrhundert findet man Prunktrinkhörner aus Glas und Silber.

Humpen

Seit der Renaissancezeit findet man in bürgerlichen Kreisen in England, Deutschland, Österreich oder Skandinavien Bierhumpen – in den verschiedensten Materialien wie Glas, Keramik, Holz, Silber, Zinn, meist schon mit Deckel. Humpen sind zylinderförmig bis leicht konisch, nach oben verjüngt, meist mit einem Scharnierdeckel mit und ohne Knauf sowie einer verzierten Daumenrast. Unterschiedliche Dekorationen bilden oft biblische oder mythologische Szenen ab. Ab dem 18. Jahrhundert wurden die Humpen kleiner, verloren gegen Ende des Jahrhunderts ihre Bedeutung für den Alltagsgebrauch und wurden danach hauptsächlich zu besonderen Zeremonien verwendet.

Trinkgläser

Die Römer lernten Glasgefäße im alten Ägypten, in Mesopotamien und Syrien kennen. Sie verwendeten diese für ihren Wein. Seit wann Bier aus Gläsern getrunken wird, weiß niemand so recht.

Glashumpen (19. Jhdt.), Zinnhumpen und Tonhumpen (20. Jhdt.)

Das Zapfen und Einschenken aus der Flasche

Durch Wohlgeschmack und durstlöschenden Effekt wird Biergenuss zu einem starken Erlebnis. Wohlverstandene Bierpflege beim Zapfen und gekonntes Einschenken aus der Flasche – schon fast als Ritual oder Zeremonie verstanden – tragen dazu bei. Längst ist selbstverständlich, dass man darauf achtet, dass das Glas

- Das saubere Glas mit kaltem Wasser spülen.
- Das Glas beim Einschenken leicht schräg halten.
- Zu einem Drittel einschenken und das Bier absetzen lassen, bis der Schaum kompakt ist.
- Vollschenken und warten, bis der zweite Schaumring kompakt ist.
- Zum Schluss den dritten Schaumring und damit die Haube aufsetzen.
- Der Vorgang des Einschenkens kann und soll einige Minuten dauern.

Bei Weizenbier aus der Flasche sollte man das Bier mit mäßigem Tempo einschenken, um zu verhindern, dass Wirbel im Glas zu übermäßiger Schaumbildung führen. Zitrone oder Eiswürfel sind dabei tabu.

blitzblank und die Schaumkrone stabil ist. Vor dem Zapfen oder Einschenken wird das saubere Bierglas noch einmal mit kaltem Wasser ausgespült. Die Glaswand wird dabei gekühlt, und es entweicht weniger Kohlensäure aus dem Bier. In der Folge hält das Bier länger die optimale Trinktemperatur.

Bier-Trinktemperatur

Auch die richtige Trinktemperatur gehört zum vollendeten Biergenuss wie geschüttelter Martini zu James Bond. Zu kaltes Bier behindert nicht nur den Geschmackseindruck, auch die Schaumentwicklung wird gehemmt, da hilft dann auch das passende Bierglas nicht mehr. Die ideale Trinktemperatur liegt abhängig von Biertyp, Gusto und Witterung zwischen 6 und 12 °C. Zartere Biere erlauben eine etwas kühlere Trinktemperatur ab 8 °C, während intensive, starke Biere auch sehr gut bei Kellertemperatur um die 14 °C genossen werden können. Übrigens, ein aussagekräftiger Qualitätsbeweis für ein Bier ist,

Biertype	Empfohlene Trinktemperatur
Leichtbier	6 °C
Pils	7–9 °C
Lager/Märzenbier	8 °C
Spezialbier	8–9 °C
Porter, Stout	12–14 °C
Belgisch Style Bier	8–12 °C
Bockbier	10 °C
Doppelbock	10–12 °C
Weizenbier	8 °C

wenn sogar der „Hansel“ (abgestandenes Bier) bei Raumtemperatur noch schmeckt.

Bierverkostung und Biersprache

Bier kann man mit allen Sinnen genießen. Bei einer Bierverkostung werden demnach auch die Biere optisch, olfaktorisch und geschmacklich bewertet. Das geschieht naturgemäß sehr subjektiv. Dennoch haben sich feste und sehr sinnvolle Regeln zu Ablauf und Bewertung bewährt. In früheren Jahrhunderten gab es eine eher skurril anmutende Methode, um die Qualität eines Bieres zu testen. Bier wurde dafür auf eine blanke Eichenbank gegossen, und ein paar Männer in Lederhosen nahmen darauf Platz. Nach einigen Stunden – kulinarisch meist gut genutzt – waren die mit Bier vollgesogenen Lederhosen wieder getrocknet. Blieb die Bank an den Hosen kleben, war dies das untrügliche Zeichen dafür, dass ausreichend Malz verwendet worden war.

Heute gibt es für die Bewertung von Bier andere Möglichkeiten und auch natürlich „Rituale“ bzw. einen richtigen Kanon. Das beginnt bei den äußeren Rahmenbedingungen wie einem gut belüfteten Raum und dem Verzicht auf irritierende Einflüsse wie Parfum oder Zigarettenrauch. Als Neutralisierungselement zwischen den Kostproben wird Weißbrot gereicht. Das Bier selbst muss die richtige Schanktemperatur aufweisen und natürlich muss das Bierglas auf die jeweilige Biersorte abgestimmt sein. Wenn diese Grundbedingungen stimmen, sollte man sich bei einem Durchgang – außer man hat schon einige Übung – auf 6 bis 8 Biertypen beschränken und die Reihenfolge möglichst von hell nach dunkel und von leicht nach stark einhalten. Erfahrenere Verkoster können sich durchaus auf einen Vergleich von typgleichen Bieren aus verschiedenen Brauereien einlassen und sich schließlich gar an Blindverkostungen heranwagen. Die Bewertung eines Bieres im Rahmen einer Verkostung erfolgt über das Aussehen, den Geruch und den Geschmack des Bieres.

Verkostungsablauf

Schauen: Farbe und Schaum sind die Aspekte, die für das Aussehen des Bieres eine Rolle spielen.

Riechen: Ein anregendes Aroma, ein angenehmer, weil passender Geruch steigert den Genuss und ist ein wesentliches Merkmal eines guten Bieres. Durch vorsichtiges Schwenken werden zusätzlich Aromastoffe freigesetzt. Also lange riechen, dann erst trinken. Nach dem ersten Schluck verliert die Geruchswahrnehmung an Intensität. Immerhin werden rund 80 % des sensorischen Eindrucks über den Geruchssinn wahrgenommen.

Trinken: Das Bier beim Antrinken in kleinen genüsslichen Schlucken auf der Zunge zergehen lassen. Dabei die Balance von Bittere und Süße erkunden, bei Weizenbieren zusätzlich eine dezente Säure. Der Ablauf von Antrunk, Haupttrunk und Nachtrunk liefert entscheidende sensorische Empfindungen.

Schlucken: Jetzt kommt die abschließende Erfahrung, der Nachtrunk, das Schlucken. Ob und wie lange der Geschmack erhalten bleibt, ist letztlich die Frage, wie das Bier ausklingt. Übrigens, Biertester spucken nicht, sie schlucken, das heißt, immer auch den Alkoholaspekt bei einer Verkostung beachten. Bei einer Bierverkostung – oder auch im Gespräch mit den

Hier eine Checkliste als Anregung:
Biertyp: Alt, Bock, Kreativbier, Dunkel, Doppelbock, Hanfbier, Helles, Pils, Ice-Bier, Lager, Stout, Leichtbier, Märzen, Roggenbier, Spezial, Vollbier, Weizenbier/Weißbier, Zwickel ...
Allgemeine Beschreibung: feines Gesamtbouquet, süffig, angenehm, ausgewogen, gute Balance, fein abgestimmt, elegant, schlanker Körper, vielfältiges Flavour, charaktertypischer Vertreter ...
Farbe: hellgelb, sattgelb, goldgelb, amber, goldbraun, hellbraun, dunkelbraun, schwarz ...
Schaum: schwach, grobporig, feinporig, hervorragend kräftig, rahmig, cremig, stabil, kompakt, stichfest, weich, luftig, gut haltbar, haftet am Glas ...
Glanz und Trübung: feurig, brillant, kristallklar, glanzfein, blank, noch klar, leicht opal, opalisierend, wolkig, milchig, trüb, sehr trüb ...
Geruch: hopfenblumig, malzig, blumig, aromatisch fruchtig, harzig-nussig, Kräuter, Heu, Limonen, Whiskey ...
Geschmack: salzig, süß, säuerlich, vollmundig, herb, mild, malzig, bitter, nussig, karamellig, geröstet, getreideartig, brotähnlich, fruchtig ...
Bittere: keine, feine, kurze, schmale, breite, lange, dominante ...
Mundgefühl: leicht, schlank, weich, süffig, abgerundet, sortentypisch, vollmundig, malzaromatisch, röstmalzaromatisch, schwer, würzeartig ...
Trunk: trocken, angenehm, spritzig, prickelnd, moussierend, lebendig rezent, frisch, schal, samtig, säuerlich sirupig ...
Nachtrunk: ausgewogen, harmonisch ausklingend, rund, kräftig, betont, trocken, nicht anhängend, feinherb, feinbitter ...

Mitverkostern – ist wichtig, ein differenziertes Vokabular für die Beschreibung der einzelnen Aspekte zur Hand zu haben. In der Regel ist eine verständliche, vergleichende Alltagssprache durchaus praktikabel. Dennoch gibt es ein paar Grundbegriffe, die als Gerüst sehr gut brauchbar sind.

Optimal ist das Bierdegustationsglas, wie es vom Verband der Diplom-Biersommelieres Österreich benützt wird. Damit sind viele Komponenten wie Farbe, Schaum oder Geruch optimal zu erkunden. Auf der Homepage www.biersommelier.at erfahren Sie alles noch ausführlicher zum Thema Bierverkostung.

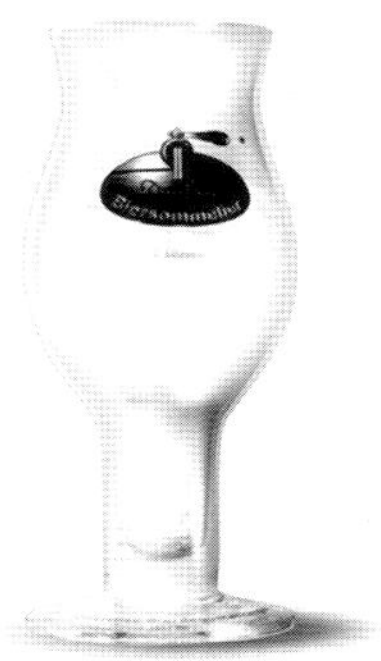

Zum Bierdegustationsglas sagt Axel Kiesbye, Braumeister bei Trumer, Chef des BIERkulturHAUSes und oberster Diplom-Biersommelier: „Gerade aromastarke Spezialbiere verdienen einen andächtigen Umgang. Um die Qualität dieser feinen Tropfen richtig beurteilen zu können, ist die Verwendung eines speziell auf die Bierqualität hin konzipierten Bierglases sinnvoll. Kiesbye ist auch verantwortlich für die einzigartige Ausbildung zum Diplom-Biersommelier.

Daneben gibt es in der Steiermark berufsbezogene Ausbildungen zum Thema Bier und zwar in Bad Gleichenberg an der Landesberufschule für Tourismusberufe (Diplom-Biersommelier Martin Retzl) sowie an den Tourismusschulen (BEd FL Willibald Wolf).

Innovative österreichische Klein-, Gasthaus- und Privatbrauereien und ihre Biere

Privatbrauerei Gols GmbH
Ing. Markus Sautner
7122 Gols, Brauhausplatz 1, Tel.: 02173-2719
office@golserbier.at, www.golserbier.at

Die Privatbrauerei Gols, gegründet 2007 inmitten einer Weinregion nahe dem Neusiedler See, setzte von Beginn an auf heimische Rohstoffe und hohe Qualität. Markus Sautner ist Braumeister, Diplom-Biersommelier und „Candidate of the Institute of Masters of Beer" und braut neben den Traditionsbieren auch regional verbundene Spezialitäten.

Maroni-Bier, 5,0 % alc., mit „Kästen" aus der Genussregion „Mittelburgenländische Kästen und Nuss".

Würziges **Pale Ale,** 5,0 % alc., mit Wildkräutern aus der Genussregion „Südburgenländische Kräuter".
Kräftiges **Bio-Bier,** 5,3 % alc., ein Export Spezial Helles mit 100 % Bio-Malz aus dem Burgenland vom Bio-Landgut Esterhazy.
Seit 2019 gibt es das **Golser Bio-Nullerl,** ein Alkoholfreies in Bio-Qualität.

Braumanufaktur Schalken
1160 Wien, Neulerchenfelder Straße 57
Tel.: 0699-19288682
office@braumanufakturschalken.at
www.braumanufakturschalken.at

Die kleine Brauerei im Bierbezirk Ottakring zählt zu den führenden Vertretern der neuen Wiener

Craft-Bier-Szene. Für diese Position, nämlich den 2. Platz in der Falstaff-Wertung, nehmen sie große Mühen auf sich, zum Beispiel pflücken sie eigenhändig Marillen für ihr Apricot Sour.

Wit, Stammwürze 12 °P, 4,7 % alc. Ein spritziges Weizenbier nach belgischer Art. Die fruchtigen Aromen kommen aufgrund frischer Bio-Orangenschale und Koriander zustande. Eine zurückhaltende Bittere verleiht ein passendes Pilsner Malz. SIEGER in der Kategorie „obergärige belgische Bierstile" bei der Falstaff Bier-Trophy 2019 mit 95 Punkten!
East Coast IPA, Stammwürze 15,7 °P, 6,5 % alc. Ein fruchtig aromatisches IPA mit angenehmer Bittere. Komplex im Geschmack mit feiner Textur.
Kølx, Stammwürz 12 °P, 5,0 % alc. Ein süffiges und erfrischendes Ale nach Kölner Art. Gebraut mit den deutschen Hopfensorten Perle und Spalter.

Rodauner-Biermanufaktur
Kurt Tojner
1230 Wien, Manowardagasse 5A
Tel.: 0664-9648123
info@rodauner-biermanufaktur.at
www.rodauner-biermanufaktur.at

Genuss und Vielfalt erlebbar machen, das ist seit den 1990er-Jahren die Ambition von Kurt Tojner. Seit seiner Ausbildung zum Diplombiersommelier ist er aktiver Botschafter für Biergenuss (Organisation und Moderation von Bierverkostungen, Vorträge, Juror bei Bierprämierungen) und braut seit 2016/17 seine eigenen Biere mit der Rodauner-Biermanufaktur. Seine Bierrezepte werden alle in der Rodauner Hausbrauerei auf einer 20-Liter-Anlage entwickelt. Die Produktion der Rodauner Biere selbst erfolgt als sogenannter Gypsy Brewer in verschiedenen Braustätten in Österreich in professionellem Umfeld.

2015 wurde das Wiener Lager als Vizestaatsmeister bei der Austrian Beer Challenge ausgezeichnet.

Strizzi, 4,7 % alc., ein Wiener Lager
Calafati, 4,8 % alc., eine Helles mit Naturreis
Gselchter, 5,6 % alc., ein Smoked Ale
Klaner Schwoaza, 4,6 % alc., ein Stout
Gigerl, 5,9 % alc., ein Wiener Spezial

Erzbräu Bruckner

Bruckners Bierwelt, Karin und Peter Bruckner
3292 Caming, Grubberg 4a
Tel.: 07485-98 599
office@bruckners-bierwelt.at
www.erzbräu.at

Zwischen Caming und Lunz am See an der Niederösterreichischen Eisenstraße tut sich eine andere Welt auf: Bruckners Bierwelt am Grubberg. Dort wird im Erzbräu köstliches nachhaltiges Naturbier hergestellt, dessen Brauwasser aus einer eigenen Quelle direkt vom Berg kommt. Die Hackschnitzelheizung für den Sudkessel, die vollbiologische Kläranlage und eine mittels Crowd Funding verwirklichte Photovoltaikanlage sind die Grundpfeiler der nachhaltigen Produktionsweise in Bruckners Bierwelt. Die Erweiterung der Brauerei und der Lagerräume sind in Holzbauweise errichtet. Den nachhaltigen Charakter unterstreicht auch die neue Schindelfassade. Die Umstellung der Bruckners auf Bio-Bier ist gelungen und wird gut angenommen. Die Sorten, die saisonalen Charakter haben, sind auf 12 angewachsen. Alle Biere sind ungefiltert und nicht pasteurisiert, so bleiben die wertvollen Inhaltsstoffe des vitamin- und mineralstoffreichen Getreides, des beruhigenden Hopfens und der wertvollen Hefe voll erhalten. Während der etwa 5 Wochen andauernden Reifung entsteht die natürliche Kohlensäure im Bier und das ergibt schlussendlich den Geschmack am Gaumen.

Der hauseigene Shop bietet zu den Bierspezialitäten noch weitere regionale Produkte aus dem Mostviertel. So wird der Besuch der Brauerei und die Bierverkostung immer auch gleich ein gesamtkulinarisches Erlebnis.

Bio Bergquell: Ein Märzen mit ca. 4,9 % Alkohol: Ausgewogen, elegant, mit kräftigem, feinporigem, gut haltbarem Schaum. Amberfarbig und trüb. Der Duft hopfenblumig, malzig, der Geschmack herb, bitter, fruchtig, die Bittere fein und lange merkbar, Pils schau herunter! Spritzig!

Bio Schwarzer Graf: Kreativbier, ein Zwickel-Vollbier mit ca. 4,9 % Alkohol, das mit einem angenehm mittelschlanken Körper süffig ist. Der Schaum ist gut haltbar, optisch bernsteinfarben und trüb. Der Duft hopfenblumig, kräuterig, geschmacklich fruchtig mit einer anhaltenden Bittere. Leichte Karamellnote im Nachtrunk.

Bio Schwarzer Peter: Dieses 4,8 %ige Dunkle hat ein feines Gesamtbouquet. Stabil, feincremig und gut haltbar der Schaum, die Farbe dunkelbraun, die Erscheinung opal, trüb. In der Nase malzig mit Kaffeeröstnote, malzig-geröstet im Geschmack. Eine feine Bittere kommt samtig in den Mund und ist angenehm im Abgang.

Bio Dinkel-Weiße: Vollbier, Weißbier, Zwickel – alles ist zutreffend. Allgemein fein abgestimmt, mit feinporigem, dezentem Schaum, bernsteinfarben und trüb. Der aromatische Duft mündet in einen fruchtigen, nach Bananen und exotischen Früchten erinnernden Geschmack. Angenehme, gut eingebundene Säure, feine Bittere, schlussendlich rezent im Mund.

Bio Springbock: Ein Bock, wie der Name schon sagt. Ausgewogene, gute Balance, der Schaum nicht zu stark und schwach haftend. In der optischen Erscheinung hellgelb und trüb. Honignoten beim Riechen, geschmacklich vollmundig mit schmaler Bittere. Samtig im Mund, aber mit schlankem Trinkgefühl.

Weiters:

Bio Ötscher Pils (5 % alc.)
Bio India Pale Ale (5,1 % alc.)
Bio Imperial Ale (60 IBU und 8,5 % alc.)
Bio Single Malt Ale (holzfassgereiftes Starkbier mit 9,9 % alc.)
Bio Marillenbier (Wachauer Marille, 6 % alc.)
Bio Dirndlbier (Kornelkirsche, 4,2 % alc.)
Bio Wilde Quitte (3,2 % alc.)
Bio Winterbock (7 % alc.)

Langenrohrer Erlebnisbrauerei

Franz Brenner
3442 Langenrohr, Tullner Straße 13
Tel.: 0664-4620554
franz.brenner@lebe-geniesse.com
www.lebe-geniesse.com

In der Nähe der Stadt Tulln wird seit 2005 das Rohrer Gemeindebier gebraut, das nur in kleinen Fässern abgefüllt wird. Das Ziel war immer, Biere zu erzeugen, die auch in der Weingegend angenommen werden. Die Familien Brenner und Majan kamen vom Bier auch zum Whisky. Zur Verwendung kommt traditionell doppelt gebranntes Gerstenmalz.

Rohrer Bräu Kellerbier: Stammwürze 12 °P, ~5,1 % alc. Das Märzen/Kellerbier ist der Klassiker der Produktpalette. Gebraut mit besten Malzsorten von der Stadlauer Malz AG. und einer feinen Auswahl an verschiedenen Hopfensorten.

Rohrer Bräu Weizen: Stammwürze 12 °P, ~5,1 % alc. Obergäriges Weizenbier gebraut mit einem hohen Anteil an Weizenmalz, für Weizenbiere typisch feiner Bananengeschmack.
Rohrer Bräu Bock: Stammwürze: 17 °P, 6,5 % alc. Ein höherer Alkoholanteil und mehr Stammwürze bewirken ein starkes, malzbetontes, aber rundes Aroma.
Rohrer Bräu Weizenbock: Stammwürze: 17 °P, ~6,5 % alc. Ein Weizenbock wie herkömmlicher Bock eingebraut, allerdings obergärig mit einer starken Weizenmalznote.

Laxenburger Brauhandwerk
Alexander Knez
2361 Laxenburg, Wiener Straße 5
Tel.: 0677-6127 0777
office@laxenburger.at, www.laxenburger.at

Alles begann mit ersten Brauexperimenten im privaten Keller in Laxenburg, um dann nach

unzähligen Brauvorgängen sechs Jahre später mit einer kleinen Wanderbrauerei durchzustarten. Alexander Knez mietet sich in verschiedenen, sorgfältig ausgewählten Brauereien ein, um dort die jeweiligen Rezeptideen in großer Menge und gesicherter Qualität umzusetzen. Die Biere werden dabei weder filtriert noch pasteurisiert, damit keine wichtigen Aromen verloren gehen. In einer kleinen Versuchsanlage werden die Rezepte – nach wie vor – sorgfältig entwickelt.

Dies hat in den vergangenen Jahren für das Laxenburger Brauhandwerk zu insgesamt drei Auszeichnungen bei den österreichischen Staatsmeisterschaften geführt.

Ein weiterer Schwerpunkt liegt darin, auch klassische Bierstile in bestimmten Bereichen etwas hervorzuheben, um sie etwa hopfenaromatischer zu brauen. Ein gutes Beispiel dafür ist der „Laxenburger Sommer", ein eigentlich klassisches böhmisches Pilsner, das aber mit einem wunderbaren Aromahopfen aus der deutschen Hallertau recht aromatisch eingebraut wurde. Dies verleiht dem Bier eine dezente fruchtige, leicht zitrusartige Note. Außerdem wird für die meisten Biere immer nur eine Hopfensorte verwendet, dies hebt den jeweils einzigartigen Geschmack des Hopfens hervor.

Neben dem „Sommer" gibt es noch eine Reihe weiterer Sorten, die jeweils ihre Besonderheiten aufweisen. Frei nach dem Motto: Was wir trinken, ist unser Bier!

Laxenburger Sommer: Pils, Stammwürze 11,8 °P, 4,7 % alc. Ein leichtes, fruchtig-herbes Pils! Strohgelb passt es besonders gut in die warme Jahreszeit, kann aber auch in den kühleren Monaten ein wenig vom Laxenburger Sommer ins Glas bringen! Hier wurde wieder ein besonders feiner Hopfen eingesetzt: Callista, eine neue, würzige Züchtung aus der deutschen Hallertau mit vielfältigen fruchtigen Aromen wie Waldbeeren, Grapefruit und süße Früchte.

Laxenburger Hopfenkeller: Kellerbier, Stammwürze 12,5 °P, 5,2 % alc. Der Hopfenkeller ist ein handwerklich gebrautes Zwickl, oder auch Kellerbier genannt, das sich besonders durch sein nicht übertrieben fruchtiges Hopfenaroma hervorhebt. Wir haben dafür zum überwiegenden Teil den Aromahopfen Citra verwendet, der neben Aromen von Limette und Grapefruit noch andere tropische Früchte ins Spiel bringt. Zum für untergärige Biere üblichen Gerstenmalz, haben wir noch eine Spur Weizenmalz hinzugefügt, um dem Bier noch etwas mehr Körper zu geben.

Pale Alex – Mosaic: American Pale Ale, Stammwürze 13,3 °P, 5,7 % alc. Die Liebe zum Hopfen hat Knez dazu bewogen, ihm eine limitierte Sonderserie zu widmen, die jedes Mal einen besonderen Stern am Hopfenhimmel gebührend feiert! Diesmal: Amarillo, mit einem betonten Zitrus-Aroma, besonders Orangenschalen und Grapefruit, einer blumigen Note und einer nachhaltigen Bittere im Abgang. 3. Platz bei der Staatsmeisterschaft 2017!

Laxenburger Weisse: Weizen, Stammwürze 11,8 °P, 4,7 % alc. Ein wunderbar leichtes, erfrischendes und süffiges Weißbier. Der Hallertauer Blanc-Hopfen bringt ein dezentes Aroma mit einem fruchtig-blumigen Weißweinbouquet mit.

Monk's Delight: Dubbel, obergärig, Stammwürze 17,2 °P, 7,8 % alc. Monk's Delight ist ein Starkbier im Stil eines belgischen Trappistenbieres. Dieses bernsteinfarbene Bier mit sanfter Kohlensäure und betörendem Duft nach Rosinen und Honig umschmeichelt mit einer wohligen Wärme. 3. Platz bei der Staatsmeisterschaft 2014!

Marchfelder Storchenbräu
Dipl.-Ing. Manfred Bauer
2284 Untersiebenbrunn, Erste Straße 7
Tel. 02286-27 422
office@storchenbraeu.at, www.bauersbier.at

Die „Marchfelder Edelbrandmanufaktur" startete im Jahr 2000 und schon bald darauf gab es erste Überlegungen in Richtung einer eigenen Brauerei. Am 22. Mai 2004 wurde das „Marchfelder Storchenbräu" offiziell eröffnet. Die ersten drei Biersorten umfassten ein Märzen, ein Pils und ein Bock. Kurze Zeit später ergänzen als neue Sorten das „Braunes" und das Weizenbier die Produktpalette.

Malz wird von zwei großen Mälzereien bezogen. Der Hopfen in Pelletsform kommt aus dem Mühlviertel, hauptsächlich die lokale Sorte „Elektra". Unabhängig, ob ein naturtrübes Zwickl oder ein filtriertes Storchenbräu, es ist stets ein naturbelassenes Produkt und nicht pasteurisiert.

Pils, 5,5 % alc., hellgelbe Farbe, feines Hopfenaroma mit dezent angenehmer Hopfenbittere.
Braunes, 6,9 % alc., klare, rotbraune Farbe, glasklar filtriert mit seiner schönen weißen „Haube", malzig mit dezenter Bitternote.
Bock, 6,9 % alc., kräftige Hopfung, ausgeklügelte Malzmischung, vollendet würziger Geschmack. Das Bock wird als „Stefanibock" zu Weihnachten und als „Josefibock" zum Osterfest produziert. Den Bock gibt es klassisch als Zwickl sowie auch filtriert.

Darüber hinaus:

Märzen, 5,5 % alc.
Weizen, 5,5 % alc.
Bio-Bier „Adebar", 5,5 % alc.
Ariana (kalt gehopftes Pils)
Störchle

saisonal:

Boku Bier, 5,3 % alc.
Zwickl

s'Edla

Joachim Schnabel
3300 Amstetten, Agathastraße 2–4, Halle 18
Tel.: 0650-922 73 72
kontakt@edla-craft.at, www.edla-craft.at

Am Anfang stand die Philosophie von Biersommelier Joachim Schnabel, die Biervielfalt zu fördern und den Craft-Bier-Gedanken zu verbreiten. Konsequenterweise hat er also „s'Edla", eine kreative Mikrobrauerei in Amstetten im Mostviertel gegründet. Dort erzeugt er nach seinen Prinzipien vier Standardbiere und vermittelt Bierwissen bei Verkostungen. Ein besonderes bieriges Angebot sind seine individuell gestalteten „Event-Biere" zu den verschiedensten Anlässen.

Altbayrisch Dunkel, 4,9 %, 12,5 °P. Ein klassisches, untergäriges, dunkles Bier. Malzbetont durch das Farbmalz mit Kakao und Schokoladennoten, mit angenehmer, milder Hopfung. Die Farbe ist dunkelbraun, der Schaum feinporig beige, die Kohlensäure unaufdringlich.

Märzen, 5 % alc. Ist ein untergäriges, helles Bier, das aufgrund der Temperaturen klassisch im März gebraut wird. Die Farbe ist goldgelb und leicht opaleszierend. Unfiltriert. Der fruchtige Antrunk und die Zitrusnote ist dem Citra-Hopfen in Kalthopfung geschuldet. Weißer, feinporiger Schaum und eine erfrischende Kohlensäure.

Porter, 5,3 % alc, 13,5 °P. Obergäriges Bier von den britischen Inseln, welches nach Überlieferungen für die Träger (Porter) in den Häfen gebraut wurde. Stark, kräftig und gehaltvoll. Schokolade und Kaffee verwöhnen den Gaumen, aber auch Vanille ist zu entdecken. Die nicht unangenehme Bittere kommt vom Röstmalz, das dem Bier auch die Farbe verleiht. Die Farbe ist schwarz mit cremigem, braunem Schaum.

Gute Kohlensäure, die angenehm auf der Zunge prickelt. Es passt perfekt zu sehr süßen Desserts, aber auch Eintöpfe oder Wildgerichte.

Wiener Lager, 4,5 % alc., 12 °P. Ein untergäriges Lagerbier, Anton Dreher lässt grüßen. Dennoch malzbetont, dezent gehopft und angenehm bitter. Goldbraune Farbe mit einer leichten Opaleszenz, spritzige Kohlensäure, weißer, feinporiger lang anhaltender Schaum.

Tschöams Biere
Mag. Stefan Germany
2344 Maria Enzersdorf, Dobrastraße 106
Tel.: 0650-2944101
office@tschoeams-biere.at
www.tschoeamsbiere.at

Der Familienname des Betreibers Stefan Germany ist verantwortlich für die ungewöhnliche Bezeichnung seiner Brauerei. Bei einer Reise auf die Hebriden lernte er die dortigen Ales zu schätzen, das war der Beginn seiner Liebe zu Bier allgemein.

Was dann mit „Homebrewing“ begann, führte schließlich ab 2016 zu professionellem Brauen. Als sogenannter Gypsy Brewer braut er nunmehr bei „100 Blumen“ und bei „Schalken“ in Wien.

Seine Ausbildung zum Biersommelier in der Ottakringer Brauerei absolvierte er im Herbst 2017. Mit der Ausbildung zum Diplombiersommelier

in Kisbye's Bierkulturhaus in Obertrum im Folgejahr konnte er seine Professionalisierung weiter vorantreiben.

Craftbier steht bei Germany für Individualität, Regionalität und Kreativität schon in der Rezepterstellung. Dabei spielen ordentliche Zutaten, saubere, genaue Arbeit im kleinen Rahmen und brauhandwerkliche Grundhaltung eine große Rolle. Von seinen Kunden erwartet er dann aber auch einen bewussten Genuss, wenngleich unterschiedliche Bierstile durchaus eine Herausforderung sein mögen und mitunter ungewohnte Geschmacksnoten bedeuten. Insbesondere das Ergebnis seines individuellen Einsatzes von Hopfen und Hefen brauchen die nötige Offenheit für seine Bierqualitäten.

Wiener Wunder: ein Wiener Lager, 5,5 % alc., ein untergäriges Vollbier, leuchtend bernsteinfarben, mit leichter Malzsüße und rund eingebundener Hopfenbittere.

Citra Pale Ale: Ein obergäriges Vollbier im Pale Ale Stil, 5,5 % alc. Der amerikanische Hopfen Citra mit Duft- und Geschmacksnoten von Limette, Grapefruit und natürlich Zitrone ist letztlich namensgebend und verantwortlich für eine kräftige Bittere. Die Alehefen sorgen für weitere Fruchtigkeit.

Schwarz wie die Nacht: Obergärig, 6,2 % alc. Bei diesem Bier merkt man die Vorliebe Germanys für die kräftige Bittere von Porter und Stout in unterschiedlichen Röstungen. „Schwarz wie die Nacht" erinnert stärker an Kaffee als an Schokolade und zusammen mit seiner feinen Kohlensäure empfiehlt es sich durchaus, das Bier etwas wärmer, so um 15° C, zu trinken.

Bierschmiede
Mario Scheckenberger
4853 Steinbach am Attersee, Seefeld 56
Tel.: 0664-5486321
office@bierschmiede.at, www.bierschmiede.at

Schon der Großvater von Mario Scheckenberger war Schmied in Steinbach und in dieser Tradition versteht er auch sein Brauhandwerk: als grundehrliches Handwerk vom Rohstoff über die Verarbeitung bis zum fertigen Produkt. Qualität ohne Kompromiss ist das Motto! Deshalb wechselte er auch 2014 von einem großen Braukonzern zu seinem Lebenstraum, seiner eigenen Brauerei.

Mit seinen charakteristischen Bieren ist er auch ein Biervermittler für Menschen, die ein

vielfältiges Geschmacksspektrum zu schätzen wissen. Aus den zahlreichen zur Verfügung stehenden Hopfen- und Malzsorten sowie Hefestämmen wählt er die Grundzutaten für seine Biere und erzielt damit eine ungeheure Geschmacksvielfalt. Rund 40 Bierspezialitäten hat er so bis 2014 auf einer 50-Liter-Kleinbrauanlage kreiert. Im Betrieb Bierschmiede hat er auch zahlreiche Auszeichnungen erhalten, darunter 12 Stockerlplätze bei den österreichischen Staatsmeisterschaften und als Höhepunkt der European Beer Star in Gold 2018 mit dem Pils – für die bislang kleinste Brauerei.

In der Bierschmiede gibt es neben den 8 Standardsorten auch sogenannte Werksbiere, die nur aus einem Sud stammen, beispielsweise ein Zirbenbier oder ein einzigartiges Dörrzwetschkenbier.

Bei allen schonend und natürlich hergestellten Bieren der Bierschmiede wird bewusst auf Pasteurisierung und Filtration verzichtet, damit alle wertvollen Vitamine, Eiweiße und Spurenelemente im Bier enthalten bleiben. Dazu kommt eine ausreichende Reifezeit.

Werkstück, ein Märzen, Stammwürze 12,5° P, 5,2 % alc., bernsteinfarben mit hellem Pilsnermalz, demzufolge auch mit malzbetontem Geschmack.

Meisterstück, ein Pils, Stammwürze 12,5 °P, 5,2 % alc., und wie der Name sagt, ein hervorragender Vertreter dieses Bierstils.

Rotglut, ein Altbayrisch Dunkel, Stammwürze 12,5 °P, 5,0 % alc., dunkelbraune, rötliche Farbe, mit mildem, malzaromatischem und weichem Geschmack.

Weißglut, ein Weizenbier, Stammwürze 12,5 °P, 5,2 % alc., dem Bierstil entsprechend fruchtig, dunkel bernsteinfarben, naturtrüb und vollmundig.

Außerdem:

Gesellenstück, Stammwürze 12,9 °P, 5,5 % alc., ein Altbier

Zunder, Stammwürze 12,5 °P, 5,2 % alc., ein Rauchbier

Hammer, Stammwürze 16,5 °P, 7,0 % alc., ein Baltic Porter

Amboss, Stammwürze 21,5 °P, 9,6 % alc., ein Imperial Stout

Funkenflug, Stammwürze 16,5 °P, 7,0 % alc., ein Honigbockbier

Brauerei Hofstetten
Sabine und Peter Krammer
4113 St. Martin/Mühlkreis, Adsdorf 5
Tel.: 07232-2204-11
bier@hofstetten.at, www. hofstetten.at

Nicht zuletzt wegen der Brauerei Hofstetten wird das Mühlviertel auch Bierviertel genannt. Die Privatbrauerei in Hofstetten geht auf das Jahr 1229 zurück und befindet sich seit 1847 im Besitz der Familie Krammer. Sabine und Peter betreiben seit 1998 die Brauerei in der nunmehr fünften Generation.

Das Urgesteinswasser aus dem hauseigenen Brunnen liefert den Grundstock zur Bierproduktion, wo schon seit Jahren Bio-Bier mit Rohstoffen aus kontrolliert biologischer Landwirtschaft gebraut wird. Aber auch die kreativen Biere erobern von Hofstetten aus die Welt. So werden unter anderen Honigbiere und der mit glühend heißen Granitsteinen karamellisierte

„Granitbock" bis nach Amerika verschickt. Zahlreiche Auszeichnungen belegen bei nationalen und internationalen Bewerben auch die Wertschätzung von ausgewiesenen Bierexperten.

Hofstettner Granitbier: Dunkles Vollbier, fein abgestimmt mit einem vielfältigen Flavour. Der Schaum ist feinporig, bewusst nicht überschäumend, das Bier ist blank, die Farbe Bernstein bis Kaffee. Der Geruch und der Geschmack reichen von Kaffee zu Karamell. Fein hopfenbitter dezent das erste Mundgefühl, anhaltende Hopfenbittere im Nachtrunk.

Hofstettner Granitbock: Dunkler Bock, ein Kellerbier angenehm, elegant, mit vielfältigem Flavour und feinporiger Schaumbildung. Braun, rötlich und noch klar die Optik, der Geruch fein hopfenblumig, nach Kaffee und Karamell. Der Geschmack ebenso karamellig, geröstet. Der Granitbock hat eine angenehme Bittere, ist rund am Gaumen, röstmalzig im Nachtrunk.

Heines Altes Lager: Mit der historischen Getreidesorte „Heines Haisa" aus der Getreide-Genbank von Linz hat Hofstettner ein Bier „wie damals" im alten Sudhaus von 1929 gebraut. Der Geruch dieses Bieres erinnert an frische Landgurken und am Gaumen wird der volle Körper von einer cremig buttrigen Note gehalten. Ein Bier wie aus der Nachkriegszeit, mit dem Geschmack des strohigen Gerstencharakters. Es erinnert an flüssiges Brot.

Hofstettner Bio-Honigbier: Süffiges Kreativ-Vollbier mit fein abgestimmtem Gesamtbouquet. Kräftige, feinporige Schaumbildung, goldgelb und blank, der Geruch hopfenblumig mit leichter Honigsüße, feine Hopfenbittere und trockene Rezenz im Mund.

Hofstettner Kübelbier: Hellgelbes, leicht trübes, süffiges Helles mit einem feinen Gesamtbouquet. Schwach, aber feincremig der Schaum, malzig der Duft, brotähnlich der Geschmack. Eine schmale Bittere und ein spritziges Mundgefühl. Ein Bier mit Geschichte.

Weiters:

Hofstettner Mühlviertler Bier
Hofstettner Märzen
Hofstettner Pils

Max und Malz Privatbrauerei e. U.
Maximilian Meindl, AT-BIO-401
Büro: Obernfurth 1, Produktion: Kallham 24
4720 Neumarkt im Hausruck
Tel.: 0699-128 22 405
brauerei@maxundmalz.at,
www.maxundmalz.at

Maximillian Meindl hat an der FH Wels (bei Bierprofessor Alex Jäger) das Bierbrauen gelernt. Seit 2017 braut er nun in seiner privaten Handwerksbrauerei in Neumarkt-Kallham im oberösterreichischen Hausruckviertel seine Biere. Ob ihm dabei sein Faible für elektronische Musik förderlich ist, bleibt im Dunkeln. Mittlerweile produziert er vier Standardsorten, biozertifiziert und nach alten, handwerklichen Rezepten, mit Mühlviertler Bio-Hopfen, naturbelassen, weder filtriert noch pasteurisiert. Die Biere werden handwerklich gebraut, fassvergoren, von Hand abgefüllt, verkorkt und etikettiert.

Gebraut wird auf einem 3-Geräte-Sudwerk mit einem Tagesausstoß von etwa 250 Litern in einem alten bis dahin leerstehenden Schlachthaus in der Nachbarschaft. Die Biere sind gelistet in Haubenlokalen, Bioläden und regionalen Supermärkten in der Umgebung.

Bio Zwickl, Stammwürze 12 °P, 5,4 % alc., obergäriges Vollbier, hell und hopfenwürzig. Naturtrüb, eventuell mit Bodensatzbildung.
Hefe Weizen, Stammwürze 13 °P, 5,1 % alc., obergäriges Weißbier, gehaltvoll, hefetrüb und fruchtig.
Rote Baroness, ein Red Ale, der rote Baron von Richthofen war Namenspate, bernsteinrot, runder Geschmack mit feinen Nuancen von Malz und Karamell.
Oatmeal Stout, Stammwürze 18,7 °P, 8,5 % alc., obergäriges schokoladenbraunes Stout, ein echter irischer Bock, dennoch mit einer Anmutung wie Kakao.
Fast'n Bier, Stammwürze 13,7 °P, 4,8 % alc., untergäriges Mehrkorn-Vollbier, naturtrüb

Dazu kommen saisonal:

Maibock, untergäriges, helles Bockbier, Stammwürze 17,5 °P, 6,0 % alc., naturtrüb
Lebkuchenbier, Stammwürze 13 °P, 5,2 % alc., obergäriges Spezialbier, ein weiches Weihnachtsbier mit entsprechenden Duft- und Geschmacksnoten.
Powidlbock, Stammwürze 17,5 °P, 6,0 % alc., untergäriges, helles und saisonales Bockbier mit subtilen Zwetschkentönen.

Brauerei Gusswerk
DI Reinhold Barta
(Diplom-Biersommelier des Jahres 2011)
5322 Hof bei Salzburg, Römerstraße 3
Tel.: 06229-39777
info@brauhaus-gusswerk.at
www.brauhaus-gusswerk.at

DI Reinhold Barta braut seit 2007 im ehemaligen Gusswerk am Stadtrand von Salzburg, seit 2013 in Hof bei Salzburg. Die nach Demeter-Grundsätzen gebrauten Biere werden inzwischen sogar nach Finnland und Frankreich exportiert. 2018 errang Barta nach 2011 zum fünften Mal einen European Beer Star. Jährlich überrascht er mit neuen Innovationen, so 2014 mit dem ersten alkoholfreien Bio-Bier in Österreich. Zahlreiche 1. und 2. Plätze bei der österreichischen Staatsmeisterschaft der Kleinbrauereien bestätigen die Qualität der Biere aus dem Gusswerk. Die meisten seiner Biere sind sowohl in der Flasche als auch vom Fass erhältlich. Im gemütlichen Biergarten kann man gemütlich speisen – bio versteht sich!

Barta bietet auch an, dass sich Unternehmen oder Vereine bei ihm von der Gestaltung des Etiketts bis zum Brauen ihres ganz eigenen Bieres selbst verwirklichen können: „Damit bieten wir alles, was man sich als besonderes Kundengeschenk wünscht.“ Führungen nach Rücksprache mit Braumeister Reinhold Barta sind sehr begehrt.

Edelguss: Helles Vollbier, 4,9 % alc., Stammwürze 11,9 °P. Zertifiziertes Bio-Bier – Salzburger Quellwasser, in Vergessenheit geratene Getreidesorten aus dem Burgenland und duftender Aromahopfen machen das Edelguss zu einem traditionell-gschmackigen Bio-Bier in modernem Gewand.

Weizenguss: Hefetrübes Weißbier, 5,4 % alc., Stammwürze 12,5 °P. Das zertifizierte Salzburger Bio-Weißbier – rein biologische Zutaten lassen dieses erfrischende Bier zu einem hefetrüben, bernsteinfarbenen Weizenbier reifen. 2013 1. Platz beim European Beer Star.

Jakobsgold: Naturtrübes Zwickelbier, 4,9 % alc., Stammwürze 11,8 °P. „Vollmundiges" Demeter-zertifiziertes Bio-Zwickelbier. Immer zu Vollmond bündelt der Braumeister die Kraft und die Magie des Mondes und legt so die Grundlage für diesen ganz besonderen, naturtrüben Biogenuss.

Urbankeller's Steinbier: Bernsteinfarbenes Spezialbier, 5,6 % alc., Stammwürze 12,2 °P Zertifiziertes Bio-Bier. Die uralte Bierbrauart Steinbier war schon im Mittelalter gebräuchlich. Diese Machart garantiert einen runden und süffigen Geschmack mit einem kernigen Karamellcharakter.

Green Betty: Dunkles Spezialbier, 5,4 % alc., Stammwürze: 12,9 °P
Dunkle Bio-Bierschönheit. Ein Bier mit Kräutern, das so noch nicht gebraut wurde. Spezialbier mit einem Hauch von Wermut, Gundelrebe, Giersch und Mädesüß.

Weiters:

Das schwarze Schaf – Smooth Stout
Horny Betty – voluptuously organic
AAA – Austrian Amber Ale
Nicobar – India Pale Ale
Wiener Lager
Die Schwarze Kuh
DIES IRAE
Krinnawible
Eisbergbock

Jakobsgold Alkoholfrei
Glutenfrei Lager
Glutenfrei Rhabarber Radler
saisonal: Citra Beach und Winter-Steinbier

Pinzgau Bräu
Hans-Peter Hochstaffl
5671 Bruck, Glocknerstraße 60
Tel.: 06545-93080
office@pinzgau-braeu.at
www.pinzgau-braeu.at

Braumeister Hans-Peter Hochstaffl braut mit Zutaten aus Österreich in der Craft-Bier-Brauerei Pinzgau Bräu in Bruck sechs Sorten feinstes Bier. Nach Lehr- und Wanderjahren in der ganzen Welt näherte er sich dem Thema „Bier" als Bierführer bei einer Getränkefirma. Über Bücher und Experimente fand er eine Lehrstelle in der traditionsreichen Weißbierbrauerei in Salzburg und legte auch die Braumeisterprüfung ab. Nach 13 Jahren konnte er im Jahr 2015 seine Ideen im eigenen Betrieb umsetzen und entwarf zunächst sechs köstliche Rezepturen für seine Biere. Die Biere sind reine Naturprodukte mit Qualitätszutaten: Reinstes Wasser aus der Wölfelquelle in Fusch, Plohberger-Malz aus Grieskirchen, Hopfen aus der Hallertau, amerikanischer Spezialhopfen sowie Hefe aus Reinzucht, zum Teil selbstgezogen.

Unfiltriert und in Flaschengärung:

Pinzga' Zwickl: 5,1 % alc. Helle Farbe, fruchtig hopfenbetont in der Nase durch den Einsatz von Citra Hopfen, mit würzigem Geschmack und sanft gebundener Kohlensäure.

Pinzga' Phönix: 5,4 % alc. Getorftes Whiskymalz, Flaschengärung, unfiltriert. Leicht rötliche Farbe. In der Nase ein dezentes Raucharoma und volle Breite am Gaumen.

Pinzga' Weizen hell: 5,2 % alc. Ein charakteristisches Weißbier, bernsteinfarben mit orangem Schimmer. Fruchtig, würzig mit leichten Bananentönen. Schöne Rezenz im Mund.

Pinzga' Weizen dunkel: 5,2 % alc. Röstaromatisch und malzig mit hauseigener Hefereinzucht. Der Antrunk erinnert an Bitterschokolade, eben malzig, aber frisch.

Pinzga' Pale Ale: 5,0 % alc. Dieses obergärige Bier bildet ein geschmackliches Pendant zum Pils mit einer soliden Grundbittere gepaart mit einem fruchtigen Hopfenaroma. Eine kräftige Bernsteinfarbe im Glas.

Darüber hinaus:

Pinzga' Coffee Stout: 5,5 % alc. Ein unfiltriertes Stout, eingebraut mit 10 % Espressobohnen, vermittelt es eine feine Kaffeenote. Tiefschwarze Farbe mit cremeweißem Schaum, schmeckt es spritzig und angenehm rund.

Saisonal gibt es noch einen Weizencraftbock. Auch ein alkoholfreies **Pinzga' Non Promillo** wird produziert.

Achenseebier, Schau- und Hausbrauerei
6213 Pertisau am Achensee, Golfplatzstraße 1
Tel.: 05243-5206
kontakt@hotelkarlwirt.at, www.hotelkarlwirt.at

Im Herbst 2010 erfüllte sich Alois Rupprechter seinen Traum vom eigenen Bier und braut seitdem sein Achenseebier – ein traditionelles, naturtrübes **Achensee Hell** und ein **Achensee Weizen.** Dafür finden nur beste Zutaten Verwendung: Weizen- und Gerstenmalz in

Spitzenqualität von Weyermann Malz aus Bamberg, Hallertauer Hopfen und bestes Karwendelwasser sowie Speckner Hefe.
Brauereiführungen, Verkostungen sowie Käse-Bier-Verkostungen werden auf Anfrage gerne durchgeführt. Bierfeste wie der Bieranstich der Spezialbiere geben Einblick in die Vielfalt der Bierwelt. Neben den genannten Bieren – Helles und Weizen – gibt es noch Spezialbiere nach Saison wie Dunkler Weihnachtsbock, einen hellen Oster- oder Maibock und ein Oktoberbier.

Brauerei Schloss Starkenberg
Mag. Martin Steiner
6464 Tarrenz, Griesegg 1
Tel.: 05412-662 01-0
brauerei@starkenberger.at
www.starkenberger.at

Seit 1810 wird nördlich von Imst Starkenberger Bier nach dem bayerischen Reinheitsgebot von 1516 aus feinsten Rohstoffen und aus frischem Tiroler Bergquellwasser gebraut. Dieses eigene Bergquellwasser, die hochwertigen Zutaten, der ausgereifte Brauprozess und das Engagement des Braumeisters machen durch einen nachhaltigen, umweltschonenden Produktionsprozess den vielgelobten, einzigartigen Geschmack des Starkenberger Bieres aus.
Der „Starkenberger Biermythos“ ist ein Besucherzentrum, das die bisherigen Vorstellungen von Brauereimuseum und Brauereiführung weit hinter sich lässt. Alles über die Geschichte des Starkenberger Bieres, von den Anfängen bis zur hochmodernen Brauerei von heute, wird auf einer Schaufläche von über 4.000 m² gezeigt. Ein Rundgang bietet viele Einblicke und Erfahrungen bis hin zu einem Bierbad, das in ehemaligen Gärbottichen eingerichtet wurde. Das weltweit einzigartige Bierschwimmbad ist abendweise auch zu mieten.
In den vergangenen über drei Jahrzehnten wurde das Starkenberger Biersortiment mit rund

40 Goldmedaillen der „Monde-Selection" ausgezeichnet. 2020 auch mit der Falstaff-Auszeichnung als beliebteste Tiroler Kleinbrauerei.

GoldLager: Ein 12-gradiges Bier, 5,0 % alc., nicht zu herb und leicht zu trinken.
GoldSpezial: Ein 13-gradiges Bier, 5,2 % alc., mit malzaromatischem, erdbitterem und würzigem Geschmack.
GoldSpezial dunkel: Ein 13-gradiges Bier, 4,8 % alc., hoch vergoren mit gut geröstetem Malz, süßlicher Geschmack.
SchlossBräu: 5,0 % alc., ein süffiges, leicht herbes Bier in geschützten 0,33 l Gourmet-Flaschen.
SchlossPils: Ein 11-gradiges Pils, 4,8 % alc., hoch vergoren, mit zusätzlichen Hopfengaben, ein typisches Pils, besonders herb.

Weiters:
Weizenbier Hell, Festbock, BioPerle, Zwickl

Brauerei Frastanz eGen
Die Vorarlberger BIO-Brauerei
6820 Frastanz, Bahnhofstraße 22
Tel.: 05522-51 701-0
bier@frastanzer.at, frastanzer.at

„Zusammenhalten und den großen, preisdiktierenden Brauereien trotzen!" Es ist im Jahr 1902, als der treibende Motor Martin Reisch mit insgesamt 35 Wirten aus der Region die Brauereigenossenschaft Frastanz gründet. Grund für den Zusammenschluss zu einer Genossenschaft ist das massive Brauereisterben in Vorarlberg um die Jahrhundertwende. Ein mutiges Unterfangen in dieser Zeit. Die Brauerei Frastanz ist bis heute eigenständig: Jede Vorarlbergerin und jeder Vorarlberger kann Anteile an der Brauerei kaufen und somit echte/echter Miteigentümer*in werden.

Mit den ersten Bio-Bieren aus Vorarlberg hat die regionale Genossenschaftsbrauerei eine Marktnische gefunden – und das mit wachsendem Erfolg. Was vor einigen Jahren mit dem Frastanzer Bio-Kellerbier begann, weitet sich mehr und mehr auf das gesamte Sortiment aus. Aufgrund der großen Nachfrage wurde bereits nach kurzer Zeit das Frastanzer s'bio als klare filtrierte Kellerbier-Alternative kreiert und mittlerweile gehören neun Bio-Biere der Frastanzer Familie an. Braumeister Rudolf Mayer und sein Team braut von Hand – mit allerhöchstem Qualitätsanspruch – im denkmalgeschützten Sudhaus.

Im offenen Gärkeller entsteht das typische Frastanzer Aroma, das durch die lange Lagerung im Anschluss weiter ausreift.
Die Biere gibt es in der traditionellen 0,5-Liter-Flasche, in der moderneren 0,33-Liter-Flasche, beides in Kisten, Holzkisten, 6er- und 9er-Gebinden. Es gibt das Frastanzer Bier aber auch in Siphonflaschen.

---

frastanzer Bazora, 9,5 % alc.
Für einen Doppelbock ein sehr schlankes, aber malzbetontes Bier mit leichten Fruchtaromen. Ein Hauch von Cherry mit wärmendem Alkohol. Ideal zur Einlagerung und Reifung.
Weiters gibt es Dark, Helles, s'Bio, Kellerbier naturtrüb, 3 Schwestern Bock, Gold spezial, Hoppy, Hornet, Indian Summer, Jubiläum, S'honig und s'klenne.

Panülerbräu

Johann Kessler
6710 Nenzing, Bahnhofstraße 45
Tel.: 0664-8145449
jk@panueler.at, www.panueler.at

Das Panülerbräu ist eine kleine Craft-Bier-Brauerei in der Vorarlberger Region Walgau. Mit viel Herzblut werden seit 2012 Braurezepte erdacht, verfeinert und verkostet. Naturverbunden und authentisch sind nicht nur die Eigenschaften, die das Panüler Bier auszeichnen, sondern auch den Brauer Johann Kessler. Nach einem privaten Braukurs hat ihn die Lust am Experimentieren gepackt. Die ersten Biere wurden in einer Schnapsbrennerei produziert. Das Ergebnis war trinkbar und hat seinen Ehrgeiz geweckt. Nach fünf Jahren investierte er in eine Kleinbraueranlage, mittlerweile gehören fünf Standard-Biersorten und je nach Jahreszeit mehrere saisonal wechselnde Stile zum Sortiment.

Märzen, 5,2 % alc., mit hoher Stammwürze und guter Hopfung, mit regionalem Tettnanger und Hallertauer Cascade Hopfen.

Weizen, 6,3 % alc., obergärige Brauspezialität, ausgeprägtes Bananenaroma im Geruch, am Gaumen übergehend in Schokobanane.

Wit, 5,8 % alc., erfrischendes, belgisches Weizenbier mit indischem Koriander und Bitterorangenschalen, leichte Säure, blumiges Aroma.

Pale Ale, 5,3 % alc., ein Weizenbier im belgischen Stil, ausgewogene fruchtige obergärige Bierspezialität, nach englischem Braustil gebraut und durch Kalthopfung mit Hopfen aus aller Welt verfeinert. Die Frucht variiert von Zitrus über Holunder bis zur Passionsfrucht.

Porter, 5,3 % alc., tiefschwarzer Vertreter dieses Bierstils, stark gehopft und herb. Durch Schokolademalz malziger, röstmalzbetonter Geschmack und ein nussiges und kaffeeähnliches Aroma.

Quadrupel, 11 % alc., angelehnt an belgische Trappistenbiere, durch karamellisierten Brauzucker intensives Aroma nach Dörrfrüchten.

Riggwelter Black Sheep, 6,2 % alc., ähnlich einem englischen Strong Yorkshire Ale mit Karamell in der Nase und starkem röstmalzigem Antrunk, Geschmack nach Bitterschokolade und zarte Ale-Fruchtigkeit.

Silber bei der Austrian Beer Challenge 2019!

Loncium
Alois Planner und Klaus Feistritzer
9640 Kötschach-Mauthen, Mauthen 60
Tel.: 0664-88941055
bier@loncium.at, www.loncium.at

In Kötschach-Mauthen im Kärntner Gailtal, nahe der italienischen Grenze, wird auf 720 Metern Seehöhe Bier gebraut. Eine eigene Quelle, beste Rohstoffen und viel Liebe zum Produkt sind die Basis. Im Sudhaus mit offenem Gärbottich wird traditionell (seit dem Jahr 1700 wird in Mauthen bereits Bier hergestellt) und dennoch modern (seit 2007 als Brauerei Loncium) handwerklich hergestelltes Bier erzeugt. Das Gailtal und das benachbarte Lesachtal wurden gemeinsam zur weltweit ersten Slow-Food-Travel-Destination erkoren. Loncium trägt die Slow-Food-Philosophie voll mit. Mehrere Goldmedaillen beim World Beer Award in den USA und in London sowie bei den Österreichischen Staatsmeisterschaften belegen die Qualität dieses Kärntner Bieres.

Classic, 4,9 % alc., ein Bio-Helles nach bayrischer Art, goldgelb, filtriert, glanzfein. Moussierend im Antrunk, spritzig, leicht fruchtig und trocken im Abgang.
Helles, 4,9 % alc., Pilsnertyp, goldgelb, herb und fruchtig ausgewogen.
Austrian Amber Lager, 5,5 % alc., goldgelbes Zwickel, süßlich mit angenehmer Hopfenbittere.
Schwarze Gams, 6,2 % alc., dunkles Spezialbier
Dunkler Weizenbock, 6,8 % alc.
Royal Dark, 5,7 % alc., ein Milk Stout.
Carinthipa, 5,6 % alc., exotisch-fruchtiges India Pale Ale.
Juicy Neipa, 5,7 % alc., fruchtig mit Haferflocken und Weizen.
Rogg'n Roll, 5,4 % alc., ein Roggen Ale in Gemeinschaftsarbeit mit Shilling Bier.
Rauchbier, 5,4 % alc., mit Buchenrauchmalz hergestellt, entsprechend vollmundig rauchig.
FreePA, < 0,5 % alc., ein quasi alkoholfreies Pale Ale.

Shilling Bier
Ulrich Bacher
9545 Untertweng bei Radenthein,
Gartenraststraße 12, Tel.: 04246-2017
uli@shilling.at, shilling.at

Viele Unternehmen nahmen ihren Anfang in einer Garage – beim Shilling war das auch so. Die hochmoderne Brauanlage steht in einer

umfangreich umgebauten alten Busgarage im kärntnerischen Radenthein. Der direkt neben der Brauerei gelegene Schauraum mit stilvollem Ambiente bietet die Möglichkeit für Verkostungen und Führungen.

Sie fragen sich, woher der Name „Shilling" kommt? Ulrich Bacher hat einen Fantasienamen gesucht, der positiv klingt und schwingt. Um von der Währung abzulenken, hat er das „C" rausgenommen. Dass es tatsächlich einen Bezug zur schottischen Bierwelt gibt, ist natürlich ein zusätzliches Plus. In Schottland wurden sogenannte 60 oder 80 Shilling Ales (auch 90/- und 120/-) gebraut, die unterschiedlich stark waren.

Bacher war von Anfang an klar, dass er mit zwei Bieren gleichzeitig beginnen würde. Und zwar mit zwei sehr gegensätzlichen Bieren, die aber nicht allzu ausgefallen sind und so von den Biertrinkern auf Anhieb gut angenommen wurden. Mittlerweile sind es drei Biere, die Shilling herstellt, dazu kommen saisonale Biere wie das fast schwarze Fastenbier, das es immer ab Februar gibt. Alle sind unfiltriert und nicht pasteurisiert wie die gängige Handelsware. Sie werden regional vertrieben und sind in circa 20 Gastronomiebetrieben in der Region erhältlich. Für den Endverbraucher gibt es die Shilling-Biere in der 5-Liter-Dose sowie in der 1-Liter- und 2-Liter-Siphonflasche.

Shilling Hell, ein fränkisches Helles, 5,3 % alc. Opalisierendes Sonnengelb mit cremigem Schaum. Ausgewogen, rund und sehr mild mit einer leichten Süße, die an Biskuit erinnert.
Shilling Granatbier, ein dunkles Landbier, 5,2 % alc. Dunkel bernsteinfarben. Perfekt eingebundene Kohlensäure macht es zu einem weichen und süffigen Bier. Feine Röstmalzaromen durch das spezielle Maischeverfahren verursachen einen vollen, runden Geschmack.
Nock Ale: Bereits nach kurzer Zeit gesellte sich ein drittes Standardbier dazu – ein American Pale Ale – es ist betont fruchtig, bitter und mit 4,5 % alc. ist es das leichteste der Shilling-Biere.

diebrauerei Leutschach
Wolfgang Dietrich
8463 Leutschach, Schillerplatz 3
Tel.: 0699-10 43 87 49
wolf@diebrauerei.com, www.diebrauerei.com

Mitten im steirischen Hopfenland liegt die Brauerei Leutschach als Erlebnisbrauerei und Bierlokal beziehungsweise Gasthaus. Ursprünglich eine kleine Produktionsstätte, wo auch Brauseminare abgehalten werden sollten, mauserte sich die Brauerei zu einem genussvollen Treffpunkt.
Neben Klassikern wie Zwickel oder Weizenbier gibt es eine Innovation, die der Lage der Brauerei entspricht: das Weinbier. Als Basis dient das hauseigene helle Bier, für den Weingeschmack hat sich nach vielen Tests ein Morillon Klassik vom Weingut Erwin Sabathi als beste Wahl erwiesen. Natürlich darf in der Südsteiermark auch der Kürbis nicht fehlen, jeden Herbst gibt

es das Kürbisbier. In den Räumlichkeiten der Brauerei befindet sich auch das 1. Steirische Hopfenmuseum.

RossNatur: Ein Zwickel mit ausgewogener, guter, fein abgestimmter Balance, der Schaum fein- bis leichtporig, rahmig. Die Farbe sattgelb, leicht opal bis trüb. Der Geschmack aromatisch, fruchtig mit leicht herben Hopfenaromen.

Weizenwolf: Ein Weizenbier, süffig mit schlankem Körper und vielfältigem Flavour. Der Schaum feinporig bis sahnig, die Farbe goldgelb, die Trübung leicht opal bis trüb. Der Duft hopfenblumig, aromatisch fruchtig, an Kräuter erinnernd. Im Geschmack vollmundig, säuerlich, mild, fruchtig. Feine Hopfenblume, spritzig und rezent im Mund.

Ginsengdrache: Dieses Spezialbier ist ein Kreativbier der Richtung Weißbier-Zwickel. Süffig mit schlankem Körper, hervorragend kräftigem, mittelporigem Schaum. Die Farbe kaffee- bis goldbraun und trüb.

In der Nase aromatisch fruchtig, malzbetont, am Gaumen säuerlich, malzig, bitter. Es hat eine feine, kurze Bittere und wirkt im Mund spritzig, säuerlich mit einem lang anhaltenden harmonischen Kaffeeton.

Weinbier: Ebenfalls ein Zwickel-Kreativbier mit schlankem Körper und vielfältigem Flavour. Der Schaum verhalten sahnig, die Farbe hell, goldgelb und ebenfalls trüb. Die Duftnote ist eigenwillig, eher malzig, leicht säuerlich, sehr zart und weich, mit leicht nussigem Aroma,

Geschmack erinnert an Jostabeere, Stachelbeere und Zitrusfrüchte. Marille, Ananas, Apfel und Quitte kommen auch zum Vorschein. So gut wie keine Bitterstoffe, spritzig rezent und angenehm säuerlich im Mund, 2010 Bier des Jahres.

Weiters: Bock'n'Roll, Kürbisbier, Maronibier, Krenbier, Wintertale

Flecks Steirerbier
8130 Frohnleiten, Laufnitzdorf 200a
Tel.: 03126-20 611
office@flecksbier.at, www.flecksbier.at

„Mehr als Bier" ist seit der Gründung im Herbst 2014 der Wahlspruch der FLECKS Brauerei in Laufnitzdorf bei Frohnleiten. Entstanden aus dem ursprünglichen und aktuellen Brauanlagenbau kommen mittlerweile heimische und internationale Bierliebhaber zu Führungen (mit kabarettistischem Hörspiel) und Verkostungen. Apropos internationale Gäste: diese rekrutieren sich hauptsächlich aus Kunden der Fleck'schen Brauanlagen. Dabei schätzen sie die Brau-Schauerei mit der maßgeschneiderten, selbst hergestellten Brauanlage mit speziell entwickelten Technologien.

Vollmundigkeit und Biervielfalt steht für die Flecks im Vordergrund, um „runde" Biere zu kreieren. Die fünf Standard-Biere und die saisonalen Sorten werden nach FLECKS Bierrezepten hergestellt. Die Zutaten sind durchwegs regional wie beispielsweise im FLECKS Almenland

Bio-Bier der würzige Roggen, im FLECKS I.P.A. – der Hopfengöttin – der steirische Hopfen und im FLECKS Rot das Karamellmalz, verantwortlich für eine besondere Farbe und einen besonderen Geschmack. Darüberhinaus gibt es den FLECKS BOCKSCHUSS – eine Bierspirituose mit 27,5 % alc. aus hauseigenem Bier, Bierbrand, Kräutern und Gewürzen.
Das Rezept der Flecks für Bierkrapfen finden Sie im Rezeptteil.

FLECKS SteirerBier: Märzen, untergärig, 4,7 % alc. – klassisch, naturtrüb
FLECKS Weizen: Weizen, obergärig, 5,2 % alc. – steirisch interpretiert, naturtrüb
FLECKS Rot: Altbier, obergärig, 5,5 % alc. – Karamellmalz, lieblich, fruchtig, naturtrüb
FLECKS I.P.A.: India Pale Ale, obergärig, 6,2 % alc. – bernsteinfarben, naturtrüb
FLECKS Almenland Bio-Bier: Märzen, untergärig, 5,3 % alc. – mit würzigem Roggen, naturtrüb

Zusätzlich gibt saisonale Biere wie zum Beispiel: FLECKS Lager 200, Wiener Lager, untergärig, 5,8 % alc. – herb & fruchtig, FLECKS Frühlingsbock, helles Bockbier, untergärig, 6,3 % alc., FLECKS Winterbock, dunkles Bockbier, untergärig, 7 % alc.

Privatbrauerei Erzbergbräu
Ing. Reini Schenkermaier und
Helga Leis-Schenkermaier
8790 Eisenerz, Trofengbachgasse 2
Tel.: 03848-48 90 40, 0664-320 23 40
sra@erzbergbraeu.at
www.mountironbruery.com

Aus der ehemaligen Stadtdrogerie wurde am Rand der Eisenerzer Altstadt 2012 die erste Eisenerzer Brauerei seit 100 Jahren geschaffen. Sudkessel und Läuterbottich sind in Form einer „Schaubrauerei“ im Gastraum im Erdgeschoß platziert, der Brauvorgang kann aber auch von

außen verfolgt werden. Die Kapazität beträgt 3 Hektoliter pro Sud, durch die 3-häusige Ausführung mit Whirlpool kann ein Doppelsud mit 6 Hektolitern pro Tag hergestellt werden. Die Flaschenabfüllung erfolgt in aufwendiger Handarbeit.

Zur Brauerei gehört auch das Bedarfswirtshaus, das freitags und samstags geöffnet ist, bei entsprechendem Bedarf jedoch auch jederzeit. Auch da ist der Köchin Helga die Qualität sehr wichtig: frisch gekocht, regional, saisonal, bio und fair.

Bei der Staatsmeisterschaft der Brauereien konnten bereits mehrere Preise gewonnen werden: zum Beispiel 2019 mit dem barrel-aged „Austr(al)ia Unlimited“ der Staatsmeistertitel in der Kategorie der fassgereiften Biere. Alle Biernamen sind eine Zusammensetzung von Familiennamen und typgerechten Vornamen. So gehören etwa die durstlöschenden untergärigen Biere der Familie „Gruamhunt“, die hopfigen obergärigen der Familie „DreiHops“ und die dunklen röstaromatischen Biere der Familie „Noar“ an.

Gruamhunt: Ausgewogenes, fein abgestimmtes Vollbier/Kellerbier mit vielfältigem Flavour. Hervorragend viel und feinporiger Schaum. Die Farbe Goldbraun bis helles Bernstein. Das Bier ist brillant und blank, duftet malzig und schmeckt karamellig, fruchtig nach vollreifen exotischen Früchten. Eine feine Bittere begleitet das rezente, samtige Mundgefühl zum fast cognac-haften Ausklang.

Noar: Dieses dunkle Vollbier vom Portertyp ist als Kreativbier zu bezeichnen, nicht nur wegen des Namens – ein Hybrid aus „Verrückter“ (steirischer Dialekt) und (frz.) schwarz. Ausgewogen und von guter Balance. Der Schaum ist hervorragend stark, feinporig, haftet gut am Glas, die Farbe wie dunkle Nacht, das Trübe kaum erkennbar. Der Duft von Kaffee und Zigarren kommt in die Nase, der Geschmack ist malzig und lässt an Kaffee und Tabak denken. Der gut eingebundenen, nicht aufdringlichen Bittere folgt ein samtiges Mundgefühl und ein langer Nachtrunk.

DreiHops: Ein ausgezeichnetes steirisches Beispiel für einen charaktertypischen Vertreter des India-Pale-Ale-Stiles ist dieses elegante Bier mit vielfältigem Flavour. Der Schaum ist mächtig, gut haltbar und haftet gut am Glas. Trübes Goldgelb, im Duft aromatisch, fruchtig, nach Limonen, Zitronen, Holler riechend. Der Geschmack ebenfalls fruchtig. Feine, lange Bittere zeichnet dieses Bier ebenso aus wie eine gepflegte Rezenz.

Osterho(p)s: Leicht kalt gehopftes Starkbier für die Fasten- und Festzeit um Ostern – und auch nur in dieser Zeit erhältlich. Dunkles Bernstein, ein kräftiger Körper und angenehme Bittere machen dieses Bier zum idealen Begleiter in der Fastenzeit.

Weitere Sorten:

Schneewit, Weißbier, 5 % alc.

Bock Bock (Zwiebock-Weihnachtsbock, Osterbock, Maibock), 7,2 % alc.

Unlimited Edition: Belgisch steil (Belgian strong dark Ale), 8,2 % alc.

Last, but not least zwei Beispiele von hervorragenden Braumeisterinnen, die damit wieder zu den Ursprüngen zurückkehren. Früher war das Bierbrauen nämlich Frauensache, eine der ganz gewöhnlichen hauswirtschaftlichen Tätigkeiten wie Brotbacken. Einmal in der Woche wurde gebraut!

Herzog Bier & Gastro KG
Anita Herzog
8142 Wundschuh, Ponigler Straße 52
Tel.: 0676-353 05 50
die@bierbotschaft.at, www.bierbotschaft.at

2008 hat die Diplom-Bier-Sommelière Anita Herzog ihre Leidenschaft in eine eigene Brauerei umgesetzt. Im Sinne einer ausgesuchten Sortenvielfalt hat Herzog bislang um die 78 verschiedenen Biersorten wie Pils, Stout, IPA, Kastanienbier, Sauvignon Ale und andere erfolgreich hergestellt. Sie arbeitet an hohen Endvergärungsgraden und erreicht damit schlanke, knackige und süffige Biere für höchsten Trinkgenuss. Sie legt Wert auf natürliche Rohstoffe wie Gerstenmalz aus österreichischen Anbaugebieten, hochwertige Hopfensorten und natürliche Hefen – auf das eigene Quellwasser sowieso. So individuell ihre Biere sind, so individuell sind auch die Etiketten. Sie hat auch ein eigenes „Damenbier" – „Die Herzogin" – im Sortiment. 2012 war sie Doppelstaatsmeisterin und Vizemeisterin der Kleinbrauereien in den Kategorien Kreativbier (Kirschenbier), Stout und Pils zeugen von Herzogs ausgezeichneter Bierbraukompetenz. 2014 eröffnete die umtriebige Bierartistin auch eine Bierbotschaft, wo sich Biergenuss mit kulinarischen und kulturellen Genüssen paart. Erfolgreicher Küchenchef ist ihr Sohn Richard.

Herzog Weizen: Ein mitteltrübes Zwickel-Weizenvollbier mit feinem Gesamtbouquet, süffig und mit vielfältigem Flavour. Bringt viel Schaum ins Glas, grobporig, stabil, gut haltbar. Goldgelb, aromatisch fruchtig, nach Banane und exotischen Früchten duftend und dazu mild getreideartig schmeckend. Feine Aromahopfennote, spritzig, rezent, feine fruchtige Säure.

Herzog Das herzlich Herbe: Goldgelbes Vollbier, angenehm, ausgewogen, schlanker Körper – ein charaktertypischer Vertreter. Der Schaum feinporig, gut haltbar, haftet am Glas. Kräftig hopfenblumig, fruchtig, Kräuternoten in der Nase, herb, bitter der Geschmack. Eine dominante, kräftige Hopfenbittere im Antrunk und kräftig fruchtig und anhaltend im Nachtrunk.

Herzog Chilibier: Kreativbier in Vollbiermanier in kräftigem Gold bis hellem Bernstein, süffig, gute Balance, elegant, schlanker Körper die Schaumbildung feinporig, sahnig. Feurig und blank. Aromatisch fruchtig im Geruch und eine angenehme fruchtige Süße. Im Geschmack mit feiner Hopfenbittere. Spritzig, leicht säuerlich, leichte Chilischärfe im Nachtrunk.

Herzog IPA: Vollbier im IPA-Stil, schon nahe am Bock. Fein abgestimmt mit schlankem Körper, mit kräftig feincremigem Schaum, farblich von dunkler Gold- bis Kupfertönung, leicht opal. Hopfenblumig, reife Südfrüchte steigen in die Nase, vollmundig, herb, nach Südfrüchten der Geschmack. Spritzig, rezent, feine Fruchtsäuren, kräftige Hopfenbittere im An- und Nachtrunk.

Herzog Sauvignon Ale: Feines Gesamtbouquet, ausgewogener, schlanker Körper charakterisieren dieses Vollbier, dieses Ale mit einem hervorragend kräftigen, feinporigen und stabilen Schaum. Goldgelb und blank duftet es nach grünen Früchten (Trauben, Kiwi). Der Geschmack kommt fruchtig, am Gaumen empfindet man eine feine Säure von vollreifen (Stachel)Beeren. Breite Bittere und trocken, spritzig, rezent im Mund. Zahlreiche weitere saisonale Sorten und Spezialitäten.

Handbrauerei Forstner
Elfriede Forstner-Schroll
8401 Kalsdorf, Dorfstraße 52
Tel.: 0699-119 926 82
bestbier@forstner-biere.at
www.forstner-biere.at

Die Brauerei wurde im Jahr 2000 von Gerhard Forstner als „Hof-Bräu Kalsdorf" gegründet und in weiterer Folge in „Handbrauerei Forstner" umbenannt. Seit 2014 braut Elfriede Forstner-Schroll in der Tradition ihres verstorbenen Mannes in Kalsdorf individuelle und gehaltvolle Biere mit Herz und viel Bauchgefühl, jedes mit einer ganz besonderen Note. Sie hat es in kurzer Zeit geschafft, ihren Bieren der obergärigen Sorten ihre eigene Handschrift zu verleihen; sie war Bierbrauerin des Jahres 2019 nach Gault Millau. Die international prämierten Produkte – in der Zwischenzeit sind es 14 ständig verfügbare Biersorten – gehören nicht nur längst zum Standard auf Biermessen und finden sich nicht nur in den renommiertesten Fachzeitschriften und Bier-Guides wieder, sondern sie erfreuen sich stetig zunehmender Beliebtheit bei Biertrinkern, Gourmets, im Handel und in der Gastronomie. Der Betrieb ist auch Mitglied der „Meisterwelten Steiermark".

Die Brauerei hat zwei Mal die Woche für Bierliebhaber abends geöffnet. Gegen Voranmeldung gibt es auch Ab-Hof-Verkauf, Betriebsführungen und Verkostungen in freundlicher Atmosphäre.

Tagesbiere

Blond Ale: 5,0 % alc., man könnte es despektierlich ein „Alltagsbier" nennen. Souverän gehopft, mit schlankem Körper.

Das Rote: 5,0 % alc., ein „Freestyle" Red Ale, nach englischem Stil, aber mit amerikanischem Hopfen und deutscher Hefe.

Trendbiere

Chili Hot Beer: 5,0 % alc., harmlos im Antrunk, dann jedoch kommt die spezifische Schärfe.
Lucky Ginger: 5,0 % alc., typisches Ginger Ale des leichten, dunklen Biertyps.
Dry Stout: 5,8 % alc., gute Balance, charaktertypischer Vertreter eines Stout. Stabil der Schaum, feincremig, gut haltbar und haftet am Glas. Dunkelbraun bis schwarz und blank die Optik. Röstaromen, leichter Schokoladeanklang in der Nase, vollmundig, schokoladig am Gaumen. Feine Bittere und spritzig im Mund.

Spezialbiere

Styrian Ale: 6,6 % alc., mit einem feinen Gesamtbouquet ausgestattet, angenehm, ausgewogen ist dieses obergärige Vollbier. Der Schaum ist feinporig, rahmig, stabil. Die Farbe ein dunkles Braun mit Mahagoni, das Bier blank mit ganz leichter Eintrübung. Im Geruch lässt Whiskey grüßen sowie dunkles Karamellmalz und Kaffee-Extrakt. Zum Geschmack von dunkler Bitterschokolade kommen malzige, bittere, intensive Röstaromen. Die fruchtigen Anteile gleichen die Bittere weitgehend aus. Leicht und fruchtig trinkbar.
Slow 2: 6,2 % alc., helles Vollbier, Bock, Kreativbier. Gute Balance, fein abgestimmte Eleganz und ein schlanker Körper zeichnen es aus. Der Schaum feinporig, stabil, kräftig, gut haltbar, haftet auch gut am Glas. Dunkles Goldgelb bis Kupfer die Farbe mit leichter Naturtrübung. Der Geruch blumig, aromatisch fruchtig, hefig, der Geschmack malzig mit Karamellanklang, Honig und Banane. Lange Bittere verschwindet im frischen Antrunk, dann ist's fein säuerlich, fruchtbetont im Mund und feinherb der Nachtrunk.

Starkbiere

Illuminatus: 7,6 % alc., ein IPA amerikanischer Stilrichtung, charaktertypischer Vertreter eines

Starkbiers. Wenig und grobporiger Schaum, hellbraun in der Farbe. Der Geruch erinnert an Whiskey, im Geschmack vollmundig und herb. Eine breite Bittere, trocken und stark alkoholisch im Mund.

Triple 22: 9,5 % alc., ein feines Gesamtbouquet, gute Balance, fein abgestimmt ist dieser charaktertypische Vertreter eines Triple-Bock. Wenig, aber feinporiger Schaum, rahmig und stabil. Die Optik dunkelbernstein glänzend, blank, klar. Der Geruch karamellig mit kräftigen Röstaromen, starker Kaffee- und Whiskeyduft. Dem Biertyp entsprechend auch karamellig, geröstet der Geschmack. Eine feine Bittere rundet ab. Samtig stark mit feiner Säure kommt das Triple im Mund.

Doppelbock: 7,5 % alc., kupferfarben, Mangos und Ananas in der Nase, leicht süßlicher Antrunk, danach eine trockenen Herbe.

Gammon Ale: 6,8 % alc., 3 Stichworte dazu: Whisky, Rauchmalz, Bier!

Brewsecco: 10,5 % alc., extravagantes helles Starkbier nach belgischer Art gebraut mit starker Perlage.

5 vor 12: 11,5 % alc., ein Barley Wine aus der Steiermark.

Saisonbiere

Bonifatius Barrique: 9,5 % alc., im Rotwein-Barrique-Fass gereiftes Ale, intensiver Duft nach frischen Himbeeren und Joghurt, am Gaumen zusätzlich noch Kiwi und Mandeln.

Abraham Blended Ale: 8,5 % alc., ein Blend aus drei erlesenen Ales, im Rotwein-Barrique-Fass nachgereift.

Bier und Gesundheit

Bier enthält Alkohol, das ist unbestritten, im Übermaß genossen ist der in vielerlei Hinsicht mehr als schädlich. Aber mäßig konsumiertes Bier wirkt sich positiv aus bei: Neigung zu Nierensteinen, Osteoporose, Diabetes mellitus Typ 2 und Cholesterin. Xantohumol im Bier soll eine krebshemmende Wirkung haben. Die mit Beta-Glucan angereicherte Bierhefe kann das Immunsystem stärken und so gegen Erkältungskrankheiten vorbeugen. Bei einer Lebensmittelunverträglichkeit wie Zöliakie sollte auf den Genuss von – auch alkoholfreiem – Bier ganz verzichtet werden, da Bier ja in der Regel glutenhaltige Getreide enthält. Trockene Alkoholiker sollten sogar auf alkoholfreies Bier verzichten, da es immer noch geringe Mengen an Restalkohol beinhaltet. Frei nach Paracelsus sei also wiederholt: Die Dosis macht das Gift.

Bier hat aber weit mehr zu bieten als Alkohol. Nicht wenige Ernährungswissenschaftler und Mediziner sagen, dass mäßiger Biergenuss einer ausgewogenen und gesunden Ernährungsweise dienlich sein kann. Die Hauptzutaten für Bier – Malz, Hopfen und Hefe – beinhalten zum einen wichtige Vitamine der B-Gruppe (B2, B3 und B6), zum anderen die Mineralstoffe Kalium, Kalzium, Magnesium, Silizium und Zink. Vitamin B6 aus der Bierhefe fördert den Energiestoffwechsel und hat eine heilende Wirkung bei Wunden, ist aber auch gut für Nägel und Haare. Die empfohlenen Biermengen können den Tagesbedarf an B3 und B6 nicht decken. Es bedarf also weiterer niacinhaltiger Lebensmittel. Ein Liter Bier deckt den Tagesbedarf an Magnesium und Kalium zu 30 % und den an Phosphor zu 25 %. Eine Studie der Technischen Universität München besagt, dass sich Mineralien und Spurenelemente im Bier

günstig auf Nerven und Muskelkraft auswirken und, dass Magnesium den Herzmuskel stärkt.
Ein moderater Bierkonsum kann somit vor Herz-Kreislauf-Beschwerden schützen und Arteriosklerose hemmen, da einige der enthaltenen Vitamine und Mineralstoffe freie Radikale abfangen können. Aber es gibt auch eine Kehrseite der Medaille, Alkohol verbraucht beim Abbau im Körper Vitamine und Mineralstoffe, es ist daher schon fraglich, ob Bier wirklich zur Zufuhr von Vitaminen und Mineralstoffen beitragen kann.
Mäßiger Biergenuss senkt auch das Risiko, an Alzheimer zu erkranken um 58 %, jenes für eine vaskuläre Demenz um 29 %, so eine Rotterdamer Studie. Hopfen wurde schon vor Jahrhunderten als natürliches Beruhigungsmittel verwendet. Und auch der Hopfen im Bier kann eine beruhigende Wirkung haben. Das gilt natürlich auch für alkoholfreies Bier. Bier (vor allem die Bitterstoffe im Hopfen) steigert den Appetit, und wenn man beim Essen tüchtig zulangt, kann das natürlich dick machen. Das Hopfen-Malz-Getränk selbst hat gar nicht so viele Kalorien. Die Inhaltsstoffe des Hopfens sollen zwar auch bei Magenschwäche helfen, regen aber andererseits die Produktion von Magensäure an. Zu viel Säure kann die Magenschleimhaut reizen und auf Dauer sogar schädigen.
Einer Studie der Universität Toronto zufolge haben Biertrinker um 60 Prozent seltener Prostatakrebs als Nicht-Biertrinker. Bestimmte Inhaltsstoffe im Hopfen können eine – wenn auch

Hopfen

weitaus schwächere als die körpereigene – östrogene Wirkung entfalten. Brustwachstum beim Mann kommt also eher durch übermäßigen Bierkonsum zustande. Für Frauen in den Wechseljahren können die östrogenwirkenden Inhaltsstoffe im Hopfen zu einem größeren Wohlbefinden beitragen. Das ideale Sportgetränk wäre ein Weizenbier, aber am besten ein alkoholfreies.

Inhaltsstoffe des Biers – 1 Liter Vollbier (Stammwürze 11,5 °P) enthält

Wasser	840–920 g
Alkohol	30–50 g
Kohlenhydrate	20–28 g
Aminosäuren	400–425 mg
Vitamine	
B1 (Thiamin)	0,04 mg
B2 (Riboflavin)	0,4 mg
B6 (Pyridoxin)	0,5–0,8 mg
B12 (Cobalamin)	0,001 mg
H (Biotin)	0,005 mg
Niacin	6–9 mg

Folsäure	0,04–0,08 mg
Pantothensäure	0,9–1,5 mg
Mineralstoffe	
Calcium	40–90 mg
Chlorid	170 mg
Kalium	430–570 mg
Magnesium	80–100 mg
Natrium	0–50 mg
Eisen	0,1–0,2 mg
Phosphor	120 mg
Schwefel	100–180 mg

Bier – vorzügliche Kochzutat und idealer Begleiter zum Essen

Jeder ist seines Glückes Schmied, heißt es. Insbesondere seines Gaumenglücks, füge ich hinzu. Denn abgesehen von den anschließenden Empfehlungen, sollte man sich einfach auf den eigenen Geschmack verlassen und zum Essen trinken und von den Kochzutaten das nehmen, was einem am besten schmeckt.

Es gibt für Bier als Kochzutat bzw. als Essensbegleiter zumindest zwei Schulen: die traditionelle und die neu durchdachte und probierte, kompromisslos moderne Schule. Beide sollen hier zu Wort kommen. „Das richtige Bier unterstreicht den Geschmack einer Mahlzeit. Die Würze und der hopfige Charakter des Bieres bilden eine ideale Kombination mit einem guten Essen", bestärkt der bekannte Kölner Küchenchef Klaus Höhn den Einsatz von Bier in Küche und Keller. Trinkt man also Bier zum Essen, geht man von einer Speisenfolge von „leicht" zu „herzhaft" aus. Für das Begleitbier heißt das im Wesentlichen: hell vor dunkel, untergärig vor obergärig, leicht vor schwer (in Bezug auf die Stammwürze) und zu regionalen Speisen auch ein regionales Bier.

Bierempfehlungen aus dem Schweizer Biergenussmagazin sehen zusammengefasst so aus: Es gibt eine einfache Regel für die Auswahl des Bieres, mit der man immer richtig liegt. Genau wie man beim Essen mit einem milden Gang beginnt und das Essen immer würziger wird, wählt man als Speisenbegleiter zu Beginn leichte Biere und mit jedem Gang wird das Bier dann kräftiger.

Im traditionellen Bierland Österreich sieht man die Kombination von Bier und Speisen ähnlich, es werden aber meist die heimischen Biere als Begleiter genannt.

Zum Aperitif eignet sich demzufolge das hellgelbe Pils, edel, schlank und süffig, perfekt als Menüauftakt. Ein Hefeweizen mit zarten Röstaromen und frischer Fruchtigkeit kombiniert sich prächtig mit leichten Speisen. Passt aber auch zu Suppen, kalten Platten, Spargel, gekochtem Fisch, Meeresfrüchten, Geflügel, milden Käsen und

Frischkäsen sowie süßen und fruchtigen Desserts und Eisbechern. Ein Leichtbier wird wegen seines geringeren Alkoholgehalts als der perfekte Begleiter für scharfe und pikante Vorspeisen angesehen. Ein leichtes und wenig herbes Premiumbier ergänzt Gerichte mit Fisch oder Meeresfrüchten angenehm. Starkbiere passen besonders gut zu festlichen, ja weihnachtlichen Wildgerichten. Ein im Geschmack weiches Zwickelbier ist der perfekte Begleiter von Grillfleisch. Das klassische Märzen gesellt sich gut zur typisch österreichischen Küche, zu kalten Platten, Canapés, Braten, Eintöpfen, mildwürzigen Weichkäsen, Münster, halbfesten Schnittkäsen und (Nuss-) Kuchen. Lagerbier geht zu Pasteten, Aufstrichen, Canapés, Braten, Eintöpfen, Geflügel, gebratenem Fisch, Steak, Schnittkäse, mildem Schimmelkäse und wiederum zu Süßem wie Torten und Kuchen. Ein dunkles Weizenbier mit würzigem Nachtrunk unterstreicht besonders rustikale Speisen. Ausgewogene Harmonie verspricht der vollmundige Weizenbierbock zusammen mit fruchtig-süßen Desserts. Der herbe Geschmack eines Stouts bildet einen schönen Kontrast zur Süße eines Desserts. Die britische Schule lehrt uns drei Prinzipien für die Kombination von Bier und Speisen ohne wertende Reihenfolge:

- Kräftiges zu Kräftigem, Mildes zu Mildem.
- Harmonien finden, Kontraste selektieren.
- Ausgewogenheit von Süße, Bittere, Rezenz (Eindruck im Mund durch die freigesetzte Kohlensäure), Schärfe und Üppigkeit finden.

Bier zu Gegrilltem

Bier als Begleitgetränk zu Grillspeisen richtet sich natürlich wieder nach dem, was dann auf den Teller kommt. Jedes einzelne Grillfleisch benötigt sein eigenes Bier. Oft wird – da es beim Grillen meist Sommer ist – ein Weizenbier gewählt. Das passt zwar gut zum Huhn, passt aber – wie wir wissen – nicht unbedingt zu deftigen, scharf gewürzten Speisen. Zu deftigen, vielleicht fettigen Grillspeisen passen wiederum dunkle, weniger bittere Biere gut. Dunkle Ales passen auch perfekt zu gegrilltem Fisch oder Fischsteaks. Das milde Bier passt optimal zum fettigen Fisch und bietet dem Grillfischgenießer ein besonderes Geschmackserlebnis. Als Kochzutat ist Bier beim Grillen sensibel einzusetzen. Bier sollte nicht auf das Grillgut, das auf dem Rost liegt, gegossen werden, denn dadurch wird die Glut aufgewühlt und krebserregende Stoffe können sich auf dem Grillgut ablagern. Da empfiehlt es sich eher, das Fleisch einzumarinieren oder auf dem Grill mit einer Biermarinade zu bepinseln. Das Bier soll einerseits durch das herb-süße Aroma die Maillard-Reaktion – die komplexe Aromabildung beim Braten, Rösten etc. des Fleischeiweißes – verstärken, andererseits das Fleisch auch zarter, geschmeidiger und saftiger machen. Dabei kann man ruhig alkoholfreies Bier – am besten dunkles, malziges – verwenden, da der Alkohol sich beim Grillvorgang so gut wie verflüchtigt. Würzigere Biere nimmt man dann eher für die Tex-Mex-Fraktion beim Grillen.

Bier und Fisch

Einige Food Pairings, also die Kombinationen von Speisen und Getränken, sind, besonders wenn es um Bier und Fisch geht, durchaus heikel. Zu Karpfen, gebacken oder als Fischgulasch, geht nach Empfehlung des Bierpapstes Conrad Seidl durchaus Bockbier. Zu gebackenem Kabeljau mit Erdäpfelsalat empfiehlt er ein Märzen oder Spezial. Absolutes No-Go ist für ihn Pils als Aperitif bei einem Fischessen. Die Gerbstoffe aus dem Pilsbier passen nicht zusammen mit einigen Fischfetten. Dann schon lieber ein Weißbier. Austern dürfte die Hopfenbittere nicht schaden, geht gut mit dem salzigen Geschmack zusammen, übrigens auch mit Süße. Zu empfehlen wäre hier ein Porter oder Stout. Aber da ist es wieder nicht das Pils, das harmoniert. Matjes, geräucherte Sprotten, Räucherlachs und Thunfisch in der Sesamkruste gehen schon besser mit etwas Saurem, möglichst kräftig Saurem wie einem Lambic. Die eher dezenteren Honigbiere eignen sich besonders gut als Begleiter von feinen, gegrillten

Fischgerichten. Biere mit viel Milchsäure, wie solche nach Art der Berliner Weiße oder belgischer Ales, eignen sich gut zum Marinieren von Fisch. Solche Biere machen den frischen Fisch so weich, dass er nach 24 Stunden wie gegart ist. Mit Zitronensaft ginge das noch viel schneller, aber wir wollen ja den Biergeschmack dabeihaben.

Die wohlüberlegte Bierküche

Klassisch fängt ein Menü üblicherweise mit einem Pils als Aperitif an – aber das ist nicht immer ideal. Die an sich gute Hopfenbittere setzt die Geschmacksempfindungen für einige Zeit und Gänge außer Gefecht, was nicht so viel ausmacht, wenn man mit sehr deftigen oder sauren Speisen fortsetzt. Bei einer gepflegten Menüabfolge kommt jedoch nach einem solchen Auftakt der anschließende Genuss etwas zu kurz. Die Verwendung von Bier in der Küche stützt sich im Wesentlichen auf den Bereich der Säure – also Kohlensäure – und bei Bieren nach Berliner oder belgischer Art auf die Bittere, die in der Küche gut dosiert eingesetzt werden sollte, und vor allem auf den Bereich der Süße. Dafür sind das Malz und der Restzuckergehalt die entsprechenden Inhaltsstoffe. Nicht nur Bierliebhaber, sondern so mancher Gourmet schätzt einen leicht bitteren Ton in Speisen, kombiniert mit sauer-salzigen Komponenten. Zum einen, weil es einen zart-spannenden Kontrast bildet, zum anderen, weil die verhaltene Bittere den Appetit am Leben hält. Das ist sehr reizvoll, muss aber wie gesagt wohldosiert daherkommen, denn die Geschmacksrichtungen sauer und bitter haben einen sich gegenseitig aufschaukelnden Effekt. Das Zusammenspiel von Säure und Bittere funktioniert deshalb so vorzüglich bei Salatmarinaden – man denke nur an einen Radicchiosalat. Auch bei vielen Käsesorten wie bei Kräuterfrischkäse, bei Schaf- und Ziegenkäsen kann diese Kombination überzeugen. Die Säure, insbesondere der Kohlensäuregehalt, ist verantwortlich für das erfrischende Prickeln am Gaumen, in der Küche kommt dabei aber hauptsächlich nur die eiweißzersetzende Komponente

beim Marinieren – siehe Bier und Fisch – bzw. die auflockernde Funktion im Bierteig infrage. Denn beim Verkochen verflüchtigt sich die Kohlensäure unmittelbar und hat ihren Effekt verloren.
Die malzige Süße von vollmundigen dunklen oder Starkbieren kommt da schon eher zum Tragen. Der geübte Esser empfindet einen herrlichen Genuss bei der Verwendung dieser Biere in der Küche, vergleichbar mit dem Genuss von Edelbitterschokolade. Und eine Erinnerung an diesen Geschmack rufen Speisen bei der Verwendung der genannten Biere allemal hervor. Es ist sinnvoll, Bier meist erst gegen Ende des Garprozesses einzusetzen, um seine volle Wirkung zu erzielen. Man kann aber auch die Biergeschmäcker – Malz oder Hopfen – direkt in der Küche einsetzen. Natürlich kann man einen richtigen Hopfentee auf Vorrat kochen oder man hält sich einen Vorrat an Bierrosinen, getrockneten Weinbeeren, die in Bier eingelegt werden und so die Aromen des Bieres sehr gut aufsaugen und beim Kochen wieder abgeben: Aber man hat wohl eher ein gutes Bier zu Hause, das man sowohl als Kochzutat, als Kochbier und schlussendlich auch als Speisenbegleiter genießen kann. Und sollte das eine oder andere Mal Bier übrig bleiben, so kann man ganz einfach daraus seinen eigenen Bieressig herstellen bzw. entstehen lassen. Ein Gläschen Bierbrand oder anderer Edelbrand dazu, das verbessert den Bieressig im Endeffekt durchaus.

Bier und Käse

Probieren Sie einmal Folgendes: Den Käse langsam auf der Zunge schmelzen lassen und an den Gaumen drücken. Nach ca. einer halben Minute einen Schluck Bier nehmen, und Sie merken, wie sich das langsam erwärmende Bier sein komplettes Aroma entfaltet und mit dem des Käses verbindet. Ein perfektes Geschmackserlebnis wenn dabei bedenkt, Bier mit acht bis zehn Grad Celsius fördert die Verdauung, während zu kaltes Bier die Verdauung lähmt. Es gilt also, immer die Geschmacksrichtung zu berücksichtigen. Vor allem

aromatische, fruchtige und nicht allzu bittere Biere verstärken die Qualität vieler Käsesorten. Käse und Bier können dann ein kulinarisches Traumpaar sein, zum Beispiel wenn sich die feine Bittere und gut balancierte Süße eines Bockbieres perfekt mit jungem Bergkäse ergänzt. Ein fruchtiges Hefeweizen harmoniert mit frischem Mozzarella oder mit fein gereiften, cremigen Käsesorten wie Brie. Salzhaltige, gereifte Hartkäse harmonieren mit dunklen Starkbieren. Einige Käsezubereitungen wie der bayerische „Obatzde" werden sogar mit einem Schuss Bier zubereitet.
Im Rheingau verwendet man für sein Pedant Frischkäse statt Camembert. Zu diesem kräftigen, zwiebeligen Geschmack schmeckt ein helles Lagerbier oder ein helles Export ausgezeichnet. Kräftige Käsesorten harmonieren also mit kräftigen und charaktervollen Bieren, damit der Geschmack des Käses den Biergeschmack unterstreicht und umgekehrt.
Grundsätzlich gilt also: Milde und junge Käsesorten beziehungsweise Frischkäse harmonieren mit milden, hellen und leichteren Biersorten. Kräftige, würzige und gereifte Käse harmonieren dagegen mit malzbetonten, dunkleren oder auch stärkeren Biersorten.

Anregungen für die Kombination von Bier und Käse:

Bewährte Kombinationen aus Bayern und Oberösterreich sind zum Beispiel diese:

Butterkäse: leichte Weiße, Weißbier hell
Frischkäse, Kräutertopfen: leichte Weiße
Camembert je nach Reifegrad: Weißbier, hell, dunkel, helles Lager, Zwickelbiere
Mozzarella: Hefeweizen
Obatzda: helles Lagerbier
Emmentaler: helles Lagerbier, Export, Pils
Junger Gouda: Export, Pils, Kölsch
Tilsiter: Märzen, Premiumbier, dunkles Vollbier
Romadur: dunkles Export, Märzen, Schwarzbier
Weichkäse mit Rotkultur: Pils, Bockbier
Blauschimmelkäse: dunkles Export, Märzen, dunkler Weizenbock

Hartkäse: Export, Märzen, dunkles Weizenbier
Bergkäse: je nach Reifegrad dunkles Export oder Bock/Doppelbock
Sauermilchkäse (Quargel): Pils
Alter Gouda: dunkler Doppelbock oder Weizenbock, Eisbock
Und was passt zum Trappistenkäse? Natürlich das Trappistenbier!

Umgesetzt heißt das:

- Untergärige Biere mit geringer Hopfenbittere sind passende, angenehme Begleiter für viele Käsetypen.
- Dunkle, malzige Biere lassen sich gut mit Edelschimmelkäse oder geräucherten Käsen kombinieren.
- Weißbier ist ein guter Partner für Frischkäse und würzige, kräftige Käse.
- Zu jungem Käse frisches Bier.
- Zu jungem Schafs- oder Ziegenkäse feingliedrig elegante Biere.
- Zu altem, würzigem Käse kräftige, malzbetonte Biere.
- Zu gereiftem Hartkäse oder Rotschimmelkäse starke Biere.
- Zu Blauschimmelkäse hopfenbittere Biere.
- Zu cremigem Käse kohlesäurehaltige Biere.

Als kleinen Vorgeschmack zu den nun folgenden Rezepten möchte ich Ihnen ein Rezept aus dem 18. Jahrhundert näherbringen:

„Bier Suppen: Nimm weiß Bier / mach es siedend / gewürtz mit wenig Pfeffer / Zucker / Muscatnuß / ein wenig Butter und Saffran / brenne es schön gelb ein / oder machs mit Eyer-Dotter fertig / ist gut. Deßgleichen macht mans von Braun-Bier."

aus: Conrad Haggers „Neues Saltzburgisches Koch-Buch" von 1718.

Bei Gerichten, die mit Bier aufgegossen werden, empfiehlt es sich, wegen der Schaumbildung ein etwas größeres Kochgeschirr zu verwenden, damit nichts überläuft. Das kann man auch mit einem im Topf belassenen Schöpflöffel unterstützen. Bitte achten Sie bei allen Kochzutaten, wenn möglich, auf Bio-Qualität: bei Gemüse, Getreide, Eiern, Obst und besonders bei Fleisch – dieses sollte zumindest aus Freilandhaltung stammen.

Alle Rezepte sind für 4 Personen veranschlagt.

Blitzgulasch in der Tasche

300 g Frikandeau, in Scheiben geschnitten
1 Zwiebel, in Scheiben geschnitten
1 Knoblauchzehe, fein gehackt
100 g Pilze, in Scheiben geschnitten
1 roter Paprika, würfelig geschnitten
1 EL Paradeisermark
Paprikapulver, edelsüß
etwas Ingwerpulver
Zitronenzesten
Kümmel
Thymian
100 ml Rindsuppe
200 ml Märzenbier
4 Pitabrote
8 TL Sauerrahm
Öl
Salz, Pfeffer
Salatblätter und Lauchzwiebeln
oder Schnittlauch für die Garnitur

Öl erhitzen, zuerst das Fleisch kurz anbraten, herausnehmen, in der Pfanne die Zwiebelscheiben hellbraun anschwitzen, danach das Fleisch wieder dazugeben. Knoblauch, Pilze, Paprika dazugeben und Farbe nehmen lassen. Paradeisermark und Gewürze dazugeben und gut durchschwenken.
Dann mit dem Fond und dem Bier ablöschen, schwenken und abschmecken.

Die Pitabrote kurz in einer Pfanne oder auf dem Grill auf beiden Seiten knusprig toasten, halbieren, auseinanderklappen und füllen. Mit Salat, Sauerrahm und Schnittlauch garnieren.

Lachs mariniert mit Bananen-Gurken-Fisch-Tatar und Weißbiersorbet

Weißbiersorbet
500 ml Weizenbier
300 g Zucker
Saft von 4–6 Zitronen
Thymian
Bierbrand

100 g Lachs (oder Lachsforelle),
in dünne Scheiben geschnitten

Marinade
100 ml Olivenöl
je 1 EL roter, gelber und grüner Paprika,
kleinwürfelig geschnitten
1 EL rote Zwiebeln, kleinwürfelig geschnitten
1 EL grüne Oliven, kleinwürfelig geschnitten
1 Knoblauchzehe, fein gehackt
Saft von einer Zitrone
etwas Basilikum
Oregano
Chili
Koriander, fein gemahlen
Salz
Pfeffer

Tatar
2 Bananen, kleinwürfelig geschnitten,
mit Limettensaft beträufelt
¼ Salatgurke, geschält und würfelig geschnitten
je 1 TL Petersilie, Korianderkörner,
grob zerdrückt
100 g Brachsenfilet (oder ein anderer
hellfleischiger Fisch), entgrätet, fein gewürfelt
Zitronen-Olivenöl
Wasabi
Salz und Pfeffer

Vinaigrette
1 EL Honig
3 EL Erdnussöl
1 EL Erdnüsse, gerieben
Saft von 1–2 Orangen
etwas frischer Ingwer, gerieben
etwas Wasabipaste oder -pulver
etwas frischer Kurkuma,
in feine Streifen geschnitten
frischer Chili nach Geschmack

Für das Sorbet alle Zutaten zusammen kurz aufkochen, dann abkühlen lassen und ins Gefrierfach geben. Vor dem Anrichten mit etwas Bierbrand aufmixen.
Den Lachs vorbereiten und alle Zutaten für die Marinade mischen. Lachs für 3 Stunden in die Marinade einlegen. Alle Zutaten für die Vinaigrette vermischen. Bananen, Gurken, Petersilie und Koriander mit der Vinaigrette vermengen (im Frühling evtl. mit Wiesenkräutern oder Kresse bzw. jungem frischem Spinat verfeinern). Den Fisch dazugeben und mit Zitronen-Olivenöl, Wasabi, Salz und Pfeffer abschmecken.

Lachs mit der Marinade, dem Bananen-Gurken-Fisch-Tatar und dem Weißbiersorbet getrennt in Schälchen und Gläsern anrichten.

Bierterrine mit Kaninchenleber

400 g Schweinsschnitzel
200 ml helles Bier
4 Scheiben Speck,
mager, geräuchert, gewürfelt
1 großes Ei, hart gekocht, fein gehackt
250 g Leber vom Kaninchen
Butter
Thymian
Wacholderbeeren
Lorbeerblätter
2 Blatt Gelatine,
in Wasser eingeweicht
Salz
Pfeffer

Toast
Preiselbeergelee

Die Schweinsschnitzel in Stücke schneiden, mit Bier übergießen und über Nacht marinieren.
Das Schweinefleisch und den Speck mit der groben Lochscheibe durch den Wolf drehen. Das Fleisch mit etwas Marinade, dem Ei, Salz und Pfeffer gut durchkneten.
Kaninchenleber anbraten und beiseite stellen.
Eine Terrine mit Butter ausstreichen. Die Hälfte der Fleischmasse darin verteilen, die Kaninchenleber darüberlegen und mit dem Rest der Masse bedecken. Mit Thymian und Wachholderbeeren bestreuen und ein paar Lorbeerblätter darauflegen. Die Terrine zugedeckt in ein Wasserbad stellen und bei 180 °C ca. eine Stunde garen.
Die Gelatine mit dem Rest des Bieres in einem Kochtopf erwärmen, bis sie quillt. Heiß auf die fertige Terrine gießen. Abkühlen lassen und mindestens 6 Stunden im Kühlschrank stehen lassen.
Die erkaltete Terrine in Scheiben schneiden und mit Toast und Preiselbeergelee servieren.

Hopfensprossensalat mit Honig-Bierdressing und Amur

Hopfensprossen in Salzwasser ca. 10 Minuten sanft köcheln lassen. Abgießen und kalt abspülen. Für das Dressing das Bier mit der Gemüsesuppe in einer Schüssel verrühren. Mit Salz, Pfeffer und Honig pikant abschmecken. Das Olivenöl einrühren.
Kräuter waschen, trocken tupfen, fein hacken. Hopfensprossensalat mit dem Dressing marinieren, kurz ziehen lassen und mit den Kräutern bestreut anrichten.
Amurfiletstücke auf der Hautseite anbraten, wenden und mit Bier aufgießen, dann noch ca. 3 Minuten fertig garen. Den Fisch mit rotem Pfeffer auf den Hopfensprossen anrichten.

Achtung: Man unterscheidet Hopfenspargel, die Keimlinge der Hopfenpflanze, die gerade – wie Spargel eben – aus der Erde kommen, und Hopfensprossen, die ganz jungen Triebe der bereits etwas empor gewachsenen jungen Hopfenpflanze.

300 g Hopfensprossen (bekommt man beim Hopfenbauern oder man nimmt Sprossen vom wilden Hopfen)
4 EL gemischte Kräuter (Petersilie, Schnittlauch, Dill, Borretsch, Kerbel)

Honig-Bierdressing

50 ml helles Bier oder Honigbier
50 ml Gemüsesuppe
Salz
Pfeffer
1 TL Honig
100 ml Olivenöl extra vergine

ca. 360 g Amurfilet
etwas helles Bier
rosa Pfefferkörner

Gedämpfte Fischpäckchen

Marinade
2 Knoblauchzehen
etwas Kurkuma
etwas Ingwer
etwas Chili
Saft und Schale (gerieben) von 1 Limette
2 TL Sesam
Salz
Pfeffer

4 Fischfilets nach Saison
à 150 g (wie Barsch, Lachs, Wels usw.)
4 große Mangoldblätter

Dämpfflüssigkeit
1 l Bier (Pils)
1 Lorbeerblatt
Pfefferkörner
dünne Ingwer- und Zitronenscheiben

Marillen-Relish
etwas Bieressig
50 ml Exportbier
60 g Zwiebeln, fein gehackt
25 g Ingwer, fein gerieben
Chili
Koriandergrün
4 Marillen, würfelig geschnitten
60 g Grüne Bohnen, gekocht, in kleine Stücke geschnitten
1 EL Honig
2 Paradeiser, blanchiert, ohne Haut, würfelig geschnitten
Saft von 2 Limetten und etwas Zesten
Minze
Salz
Pfeffer

Alle Zutaten für die Marinade mixen. Fischfilets mit Marinade würzen. Mangoldblätter gut waschen, kurz blanchieren, nebeneinander auf eine Arbeitsplatte legen, die Fischfilets darauflegen und der Länge nach einrollen. Flüssigkeit in den Dämpfer füllen, Fischpäckchen mit der Öffnung nach unten in den Dämpfer legen und ca. 5 bis 12 Minuten dämpfen.

Für das Relish Bieressig, Bier, Zwiebeln, Ingwer und Gewürze aufkochen, Marillen, Bohnenschoten und Honig dazugeben und kurz köcheln lassen.
Paradeiser, Limettensaft und Zesten dazugeben, abschmecken und mit fein gehackter Minze verfeinern.

Chicorée in Bier geschmort

120 g Butter
4 Chicorée, geputzt, das bittere Ende kegelförmig ausgeschnitten
500 ml helles Bier
1 Würfelzucker oder 1 TL Zucker
100 g Speck, gewürfelt
1 EL eingelegte Vogelbeeren
1 TL Suppengewürz oder Wurzelgemüsepulver
Salz
Pfeffer
3 EL Semmelbrösel
3 EL Käse, gerieben

Einen Topf mit einem Teil der Butter ausstreichen und den Chicorée hineinlegen. Mit dem Deckel verschließen und bei mittlerer Temperatur ca. 3 bis 4 Minuten pro Seite anbräunen. Dann das Bier angießen sowie Zucker, Speck, Vogelbeeren und das Suppengewürz zufügen. Salzen und pfeffern. Bei geschlossenem Deckel weitere 20 Minuten schmoren lassen.
Den Chicorée danach in eine Auflaufform geben. Den Bratensaft zu sirupartiger Konsistenz einkochen, über den Chicorée gießen und mit den Semmelbröseln sowie dem Käse bestreuen.

Die restliche Butter gleichmäßig darauf verteilen und kurz vor dem Servieren im vorgeheizten Backrohr bei 200 °C überbacken. Wenn die Kruste nach etwa 8 Minuten goldbraun ist, sofort servieren. Kann auch als Beilage zu Wildgerichten gereicht werden.

Büffelmozzarella mit Orangen-Bier-Melanzani

100 g Melanzani, würfelig geschnitten
4 EL Olivenöl
1 TL Knoblauch, gehackt
10 grüne Oliven, entkernt, halbiert
40 g rote Zwiebeln, würfelig geschnitten
200 ml Altbier
2 Paradeiser, würfelig geschnitten
2–3 Orangen, filetiert
1 TL Oregano, fein gehackt
1 TL Honig
2 EL Bieressig
Salz
Pfeffer
200 g Büffelmozzarella
Feldsalat
Oliven
Basilikum
12 Scheiben Bierbrot, getoastet (Weißbrot mit Bier anstelle von Wasser zubereitet)

Melanzani in etwas Öl anbraten, Knoblauch, mit Oliven und Zwiebeln weiterbraten, nach ca. 5 Minuten mit Bier ablöschen und einkochen lassen. Zuletzt mit den Paradeisern, Orangen und Oregano gut durchschwenken und mit Olivenöl, Honig, Bieressig, Salz und Pfeffer abschmecken.

Mit Mozzarella, Salat und frischem Basilikum anrichten, garnieren und mit Bierbrot servieren.

Radetzkytatar vom Strauß mit Brandteigkrapferl

Senfdressing

125 ml Sauerrahm
1 TL (Doppelbock)Senf
1 TL Schnittlauchröllchen
etwas Bieressig
Zitronenzesten
Salz
Pfeffer

Tatar

400 g Straußensteak, zugeputzt
2 EL rote Zwiebeln, kleinwürfelig geschnitten
1 EL Essiggurkerl, kleinwürfelig geschnitten
1 EL Rote Rüben, gekocht, kleinwürfelig geschnitten
1 Sardelle
2 Eidotter
1 TL Ketchup
1 EL dunkles Bier oder Altbier
1 TL Petersilie, gehackt
1 TL Kapern, gehackt
1 EL Olivenöl
1 Schuss Cognac
Salz
Pfeffer

Brandteigkrapferl

150 ml Honigbier
100 ml Milch
130 g Butter
Zucker
200 g Mehl
5 Eier
Salz
Minze
Zwiebelsamen zum Bestreuen
Kapernbeeren zum Garnieren

Für das Dressing alle Zutaten gut verrühren. Für das Tatar drei Viertel des Fleisches fein schneiden, sodass das Fleisch noch Struktur hat. Mit den übrigen Zutaten verrühren, abschmecken und für mindestens eine halbe Stunde im Kühlschrank ziehen lassen. Das restliche Fleisch wie für ein Carpaccio ganz dünn schneiden und zwischen Plastikfolie hauchdünn klopfen.

Für die Brandteigkrapferl Bier, Milch, Butter, etwas Salz und Zucker in einem Topf aufkochen, das Mehl nach und nach in den Topf schütten und so lange rühren, bis sich der Teig vom Topf löst. Dann den Topf vom Feuer nehmen und etwas abkühlen lassen, die Eier einzeln einrühren. Der Teig soll geschmeidig und glänzend sein. In einen Spritzbeutel geben, auf ein Backpapier Formen nach Wahl dressieren und bei 220 °C ca. 15 Minuten je nach Größe backen, abkühlen lassen.

Carpaccio mit Senfdressing marinieren, auf Salatblättern anrichten. Bierbrandteigkrapferl halbieren, mit dem Tatar füllen und mit den Kapern, den Zwiebelsamen und der Minze dekorieren und anrichten.

Wolfsbarsch mit Steinpilz-Paella und gebackenen Hahnenkämmen

4 Wolfbarschfilets à 80–100 g
mit Haut, aber ohne Gräten
Maisgrieß
Salz, Pfeffer
Zitronenthymian
Zitronensaft
Butter
Öl zum Braten

Steinpilz-Paella

200 ml Hühnerfond
30 g Steinpilze, getrocknet
50 g Chorizo, kleinwürfelig geschnitten
3 Schalotten, geschält, kleinwürfelig geschnitten
je 1 EL Stangensellerie und Karotten, geschält,
kleinwürfelig geschnitten
100 g Langkornreis
100 ml Bier
Salz, Pfeffer
1 EL Petersilie, gehackt
evtl. 150 g Steinpilze, kurz angebraten
(nach Saison als Garnitur)

Hahnenkämme

8–12 Hahnenkämme (fragen Sie bitte
bei Ihrem Hendlbauern nach)
Mehl
Öl

Basilikumschaum

4 EL Bier
4 EL Obers
Basilikumöl
Salz, Pfeffer
evtl. Lavasalz
2 Paradeiser, blanchiert, gewürfelt

Hühnerfond aufkochen und darin die getrockneten Steinpilze einweichen.
Für die Paella die Chorizo und die Schalotten in einem Topf anschwitzen, Gemüse und Reis dazugeben und glasig anschwitzen. Mit dem Bier ablöschen, dem Hühnerfond und den eingeweichten Pilzen aufgießen und umrühren. Einen Deckel darauf geben und im Backrohr bei 180 °C ca. 20 Minuten garen.
Wolfsbarschfilets mit Salz und Pfeffer würzen, mit etwas Zitronensaft beträufeln, mit der Hautseite in Maisgrieß tauchen und in der Öl-Butter-Mischung mit Zitronenthymian nur auf der Hautseite anbraten. Dann für ca. 3 Minuten bei 160 °C ins Backrohr geben, sodass die Oberfläche noch glasig bleibt.
Vor dem Anrichten die Petersilie unter die Paella heben. Die Hahnenkämme gut waschen, trocken tupfen und in Mehl wenden. Pfanne mit etwas Öl erhitzen und die Hahnenkämme beidseitig braten. Auf Küchenpapier abtropfen lassen und würzen. Vorsicht beim Anbraten, die Kämme spritzen zwischendurch immer wieder.
Für den Basilikumschaum Bier und Obers mit Basilikumöl, Salz und Pfeffer würzen und im Milchschäumer aufschäumen, beim Anrichten eventuell mit etwas Lavasalz bestreuen.
Fisch mit der Paella und den Hahnenkämmen auf Paradeiserwürfeln mit dem Schaum anrichten.
Empfehlung: Passend sind hier bernsteinfarbige, malzige Biere mit zarten Hopfennoten.

Gebeizter Lachs mit Blinis und Rucola-Mousse

600 g Lachsfilet, ohne Gräten

Beize

90 g Meersalz
150 g Zucker
etwas Dill, grob geschnitten
1 TL Pfeffer, geschrotet
etwas Koriander, geschrotet
200 ml mildes helles Bier

Blinis

50 g Mehl
70 g Buchweizenmehl
½ Würfel frische Germ
1 Ei
150 ml Bier
Zucker
Salz
Pfeffer

Rucola-Mousse

4 Blatt Gelatine
Zitronensaft
200 g Rucola,
gewaschen, blanchiert, ausgedrückt
250 ml Obers
Salz
Pfeffer
evtl. Crème fraîche oder
Sauerrahm

evtl. Keta-Kaviar zum Garnieren

Die Zutaten für die Beize gut vermengen, am besten ein Plastiksackerl in der Länge des Lachsfilets nehmen, etwas Gewürzmischung hineingeben und das Lachsfilet mit der Hautseite auf die Gewürze legen. Die restliche Gewürzmischung darüber geben und andrücken. Mit dem Bier begießen und eng einwickeln. In ein tiefes Gefäß geben und im Kühlschrank mindestens 24 Stunden marinieren, das Sackerl mit dem Lachs immer wieder wenden.

Für die Blinis aus den Zutaten einen weichen Germteig herstellen, mindestens eine Stunde rasten lassen. Bliniformen erhitzen und mit etwas Butter bestreichen, die Masse jeweils einfüllen und beidseitig goldgelb backen.

Für die Rucola-Mousse die im kalten Wasser eingeweichte Gelatine im heißen Zitronensaft auflösen und mit dem Rucola pürieren. Das aufgeschlagene Obers unterheben, mit Salz und Pfeffer abschmecken und für 1 Stunde in den Kühlschrank stellen.

Beim Anrichten dünne Scheiben vom Lachs mit Blinis und Rucola-Mousse-Nockerln anrichten.

Das Ganze könnte man noch mit Keta-Kaviar und Sauerrahm verfeinern und mit essbaren Blüten nach Saison garnieren.

Tafelspitz-Salat mit Weizenbier-Vinaigrette und Kichererbsen-Kräckern

600 g Tafelspitz
1 Lorbeerblatt
3 Karotten
1 Stange Lauch
¼ Sellerieknolle
1 Zwiebel
500 ml Altbier

Kichererbsen-Kräcker
70 g Kichererbsenmehl
125 ml Bier
2 EL Öl

Vinaigrette
4 EL Malzbieressig
1 TL Chilisenf
4 EL Öl
4 EL Weizenbier
1 Schalotte
250 g Linsen, gekocht
3 Erdäpfel, gekocht, kleinwürfelig geschnitten
Schnittlauch, fein geschnitten
2 EL Kren, gerieben

Salatbouquet nach Saison

Tafelspitz und Wurzelgemüse in eine Salzwasser-Bier-Mischung geben und je nach Dicke des Fleisches 2 bis 3 Stunden langsam garen. (Das Fleisch ist gar, wenn es von der Fleischgabel rutscht.) Im Kühlschrank abkühlen lassen, dann in dünne Scheiben schneiden.
Für die Kichererbsen-Kräcker Mehl und Bier zu einem glatten Teig rühren und in einer beschichteten Pfanne dünne Kräcker backen.

Alle Zutaten für die Vinaigrette vermischen und zu einer homogenen Flüssigkeit verrühren. Die Linsen mit den klein geschnittenen Erdäpfeln und dem klein geschnittenen Wurzelgemüse mischen. Die Vinaigrette unterheben und auf dem marinierten Gemüse den Tafelspitz anrichten. Mit Schnittlauchröllchen dekorieren.
Nach Geschmack frischen Kren darüber reiben. Mit Salat servieren.

Warm geräucherter Lamm-Kaiserteil mit Krenkirschen

Räucherpfanne
Hartholzspäne
Zimt
Kreuzkümmel, ganz
Wacholderbeeren

500 g Lamm-Kaiserteil
Pfeffermix
Kaffee, grob gemahlen
Zimt
Wacholder
Fleur de Sel Lava

Krenkirschen
1 Zwiebel, fein gehackt
100 g Zucker
ca. 100 ml Balsamico
200 ml Porter
250 g Kirschen, entkernt
Saft von ½ Zitrone
Chili
Kardamom
Ingwer, nach Geschmack
Stärkemehl
Zitronensaft
2 EL Kren, gerieben

Lammfleisch mit dem Pfeffermix, Kaffee, Zimt und Koriander einreiben.
Eine Räucherpfanne mit Hartholzspänen auslegen sowie mit Gewürzen wie Zimt, Kreuzkümmel, Wacholder füllen. Darüber ein Gitter legen und das Fleisch darauf geben. Die Pfanne mit Alufolie abgedeckt ca. 30 bis 35 Minuten auf der Herdplatte bei starker Hitze räuchern. (Geht auch bei geschlossenem Deckel auf dem Holzkohlengrill mit wenig indirekter Hitze, die Kohle muss fast verglüht sein.)

Für die Krenkirschen Zwiebel in Zucker karamellisieren, mit Balsamico und Bier ablöschen und zur Hälfte einreduzieren lassen. Die Kirschen dazugeben und weiterköcheln, mit den Gewürzen abschmecken. Mit etwas in Zitronensaft verrührtem Stärkemehl binden. Jetzt den Kren einrühren, es darf fortan nicht mehr kochen.

Beim Anrichten nach Belieben mit etwas Salat, geräuchertem Gemüse oder Pilzen dekorieren.

Köstliche Ripperl mit schwarzer Barbecue-Sauce

Barbecue-Marinade

80 g Zwiebeln, geschält, würfelig geschnitten
50 g Stangensellerie, würfelig geschnitten
50 g Karotten, geschält, würfelig geschnitten
3 Knoblauchzehen, fein gehackt
2 EL Ingwer, gerieben
Koriander
Zimt
Kreuzkümmel
Chili nach Geschmack
Öl
500 ml Ginsengbier oder Zwickel-Weißbier
330 ml (Coca-)Cola
1 kleiner Espresso

3 EL helle Sojasauce
150 g Ketchup
3 EL Honigsenf
1 EL Gelierzucker
Salz
Pfeffer
Öl
frische Kräuter wie Rosmarin,
Thymian, Salbei, Bohnenkraut

1,5 kg Schweinsripperl, gut fleischig
Fleur de Sel Zitrone
Bier zum Begießen

Gemüse und Gewürze in Öl anschwitzen, mit den Flüssigkeiten ablöschen und auf ein Drittel einköcheln lassen. Dann Ketchup, Honigsenf und Gelierzucker dazugeben, kurz mitköcheln, mixen und abschmecken, die Sauce soll dickflüssig sein.

Backblech mit Backpapier belegen und etwas Öl und einige Kräuter darauf verteilen, die Ripperl mit der Fleischseite nach oben darauflegen und mit Fleur de Sel Zitrone bestreuen. Mit einigen Kräuterzweigen abdecken und bei 130 °C ins Backrohr geben. Zuerst nach ca. 15 Minuten mit etwas Bier übergießen, dann alle 10 Minuten. Nach 40 Minuten wenden und nochmals ca. 40 Minuten garen. Der Knochen soll sich durch eine leichte Drehung lösen lassen. Kräuter entfernen, mit der Marinade bestreichen und nun mit Oberhitze bei 200 °C knusprig fertig braten. Etwas rasten lassen, portionieren und anrichten.

Tipp: Eignet sich auch für den Grill. Statt auf einem Backblech auf gut gewässerten Holzbrettern wie zum Beispiel Apfel oder Eiche bei geschlossenem Deckel zuerst mit indirekter Hitze grillen. Zum Schluss mit der Marinade bestreichen und knusprig fertig grillen.

Bratwürstel mit Stout-Sauce und Senf-Erdäpfelpüree

8 Bratwürstel

Sauce
10 Schalotten, geschält
Salz
Pfeffer
2 Lorbeerblätter, fein im Mörser zerstoßen
1 EL Butter
1 EL Mehl
2 TL Paradeisermark
1 TL Sardellenpaste
2 TL Zucker
500 ml Stout oder dunkles Bier
1 EL Bieressig
2 TL Worcestershiresauce
300 ml Gemüse- oder Hühnerfond

Erdäpfelpüree
700 g mehlige Erdäpfel
Kümmel
Fenchel
150 g Butter, zimmerweich
400 ml Milch, heiß
3 EL Bierchilisenf
Muskat
Salz
Pfeffer

6 Schalotten in Scheiben schneiden und mit Salz und Pfeffer in Butter anbraten, mit Mehl stäuben und goldbraun rösten. Dann Paradeisermark, Sardellenpaste und Zucker leicht mitrösten, mit Bier, Essig und Worcestershiresauce ablöschen und 10 Minuten köcheln lassen. Gelegentlich umrühren, schließlich die restlichen 4 ganzen Schalotten dazugeben, den Fond angießen und ca. 40 Minuten fertig garen.

Für das Püree Erdäpfel waschen, in Salzwasser mit etwas Kümmel und Fenchelsamen weich kochen, dann das Wasser abgießen und die Erdäpfel etwas ausdämpfen lassen. Schälen, durch eine Presse auf die Butter drücken, die Milch flott einrühren und den Senf unterheben. Mit Muskat, Salz und Pfeffer abschmecken.

Die Bratwürstel rautenförmig einschneiden und in Butter goldbraun braten.

Mit der Sauce und dem Püree anrichten und einem Krügerl Bier servieren.

Rote Rüben im Bierteig mit Krenschaum

Teig
300 g Mehl
3 Dotter
200 ml Helles
100 ml kohlensäurehältiges Mineralwasser
70 g Butter
3 Eiklar
Salz, Öl zum Backen

Rote Rüben
400 g Rote Rüben
Kümmel, Lorbeer
1 Prise Zucker
1 EL Essig (ev. Bieressig)
Mehl, Salz

Krenschaum
4 EL Oberskren
2 Dotter
50 ml Helles
Salz, Pfeffer
Petersilie und Kapuzinerkresseblüten

Die Roten Rüben schälen und in mundgerechte Stücke teilen, in kaltem Wasser mit Lorbeer, Kümmel, Zucker, Essig und Salz zustellen und kernig weich kochen.
Für den Teig die Zutaten zusammenrühren, Butter flüssig und Eiklar leicht aufgeschlagen unterheben.
Die Rübenstücke in Mehl wenden, auf einer Gabel durch den Teig ziehen und im heißen Öl ca. 2 bis 3 Minuten goldgelb backen. Zum Schluss die Petersilie kurz frittieren.
Die Zutaten für den Krenschaum über Dampf schaumig schlagen, auf die Teller gießen, mit den gebackenen Roten Rüben – und mit der frittierten Petersilie sowie den Kapuzinerkresseblüten garniert anrichten.

Steirisches Kernkraftbrot

400 g Mehl (Typ 700)
200 g Dinkelvollwertmehl
1 Pkg. Trockengerm
100 g Kürbiskerne, grob gehackt
etwas Chili
etwas Koriander
etwas Fünf-Gewürze-Mischung (Sternanis, Szechuanpfeffer, Zimt, Fenchel, Gewürznelke)
Salz
330 ml Bier nach Geschmacksvorlieben
3 EL Öl
1 EL Löskaffee
etwas lauwarmes Wasser

Mehl mit Trockengerm, Kürbiskernen und den Gewürzen vermengen, das lauwarme Bier und das Öl einmengen, gut durchkneten. Löskaffee in etwas warmem Wasser auflösen. Ein Drittel des Teiges mit dem Löskaffee färben. Eine Stunde rasten lassen, den Kaffeeteig 1 cm dick ausrollen, den restlichen Teig zu einer Rolle formen, darauflegen und mit dem kaffeedunklen Teig einschlagen.
Einschneiden, 30 Minuten gehenlassen und auf einem Backblech bei 200 °C ca. 25 Minuten backen.

Biertrebernbrot

von Helga Leis-Schenkermeier, Erzbergbräu, Eisenerz

Vorteig

300 g Weizenmehl W700
160 ml Bier
50 g Weizensauerteig
30 g frische Germ

Hauptteig

Vorteig plus
150 g Weizenmehl W700
100 ml untergäriges Bier
(am besten Gruamhunt Kellerbier)
10 g Salz
100 g Biertrebern
(bekommen Sie in der Kleinbrauerei
Ihres Vertrauens)

Die Zutaten für den Vorteig mischen und zu einem festen Teig kneten. Bei Raumtemperatur 12–14 Stunden zugedeckt gehen lassen.
Danach zum Hauptteig weiterverarbeiten: Vorteig mit Mehl, Bier und Salz ca. 10 Minuten kneten und dann die handwarm erwärmten Biertrebern einarbeiten. Zugedeckt eine Stunde bei Raumtemperatur rasten, zwischendurch (ungefähr zur Halbzeit) den Teig dehnen und falten. Nach der Rast nochmals gut durchkneten, in ein gut bemehltes Simperl setzen und 90 Minuten bei Raumtemperatur gehen lassen.
Backrohr auf 250 °C vorheizen, den Teig aus dem Simperl stürzen, bei 250 °C ins Rohr (darunter steht ein Reindl), nach einem kräftigen Dampfstoß (ein Häferl Wasser ins Reindl schütten) auf 220 °C reduzieren und 25 Minuten mit dem Dampf aus dem Reindl backen, dann das Reindl aus dem Rohr nehmen und für weitere 10 Minuten fertig backen.

Vollkorn-Bierweckerl

500 g Weizenvollkornmehl
500 ml helles Bier
400 g Weizenmehl
1 EL Salz
1 Prise Koriander, gemahlen
1 Prise Kümmel, gemahlen
100 g Speck, geräuchert, kleinwürfelig geschnitten
1 Zwiebel, klein geschnitten
30 g frische Germ
1 EL Zucker

Weizenvollkornmehl und Bier miteinander verrühren und ca. 12 Stunden rasten lassen. Das Backrohr auf 220 °C vorheizen. Weizenmehl, Salz, Koriander und Kümmel dem Vorteig zugeben und gut unterarbeiten. Speck in einer Pfanne erhitzen, Zwiebel klein schneiden und im Speck hellbraun anrösten. Zum Teiggemisch geben.

Germ und Zucker in etwas warmem Wasser anrühren, zum Teig geben und gut durchkneten. An einem warmen Ort gehen lassen, bis der Teig auf die doppelte Menge aufgegangen ist. Daraus Weckerl formen und auf einem befetteten Blech im vorgeheizten Backrohr backen. Nach 10 Minuten Temperatur auf 200 °C reduzieren und die Weckerl weitere 30 Minuten goldbraun backen. Während des Backens mehrmals mit Bier bestreichen. Man kann wahlweise auch Speckwürfel, geröstete Zwiebeln, Sonnenblumenkerne, Kürbiskerne oder Käsewürfelchen in den Teig mischen.

Tipp: Zu den Bierweckerln passen sehr gut Aufstriche wie Kürbiskernölaufstrich oder Liptauer. Die Weckerl schmecken auch mit Butter und frischem Schnittlauch besonders gut.

Brioches mit Bier

250 g Mehl
½ Würfel frische Germ
1 TL Zucker
3 EL helles Bier, lauwarm
100 g Butter
2 Eier
Salz
Fett für die Förmchen
12 Förmchen, z.B. Muffinformen

Das Mehl in eine Schüssel sieben, die Germ hineinbröckeln und mit dem Zucker und dem lauwarmen Bier verrühren. Zugedeckt 15 Minuten gehen lassen.

Inzwischen die Butter schmelzen und mit den Eiern und dem Salz zum Teig geben. Alles mit der Hand oder dem Teigkneter gut durcharbeiten. Dann den Teig mit den Händen kräftig kneten, bis er Blasen wirft. Das Backrohr auf 200 °C vorheizen. Die Förmchen einfetten. Den Teig in 12 gleich große Stücke teilen und kleine Kugeln formen. In die Förmchen geben und diese auf ein Blech stellen und weitere 10 Minuten gehen lassen. Im Backrohr ca. 15 Minuten goldgelb backen.

Käse-Biersuppe

1 Zwiebel, fein gehackt
3 Knoblauchzehen, fein gehackt
50 g Butterschmalz
1 EL Mehl
400 ml klare Suppe
400 ml Milch
250 ml helles Bier
125 g reifer Bergkäse, gerieben
Salz
Pfeffer aus der Mühle
Obers
Schwarzbrotwürfel
Sardellen
Pfefferkraut (oder Bärlauch, Lauch oder Schnittlauch)

Zwiebel und Knoblauch in Butterschmalz erhitzen und mit etwas Mehl anschwitzen. Unter Rühren mit der Suppe aufgießen und kurz aufkochen lassen. Dann Milch und Bier zugeben und weiter gut erhitzen, aber nicht kochen. Käse unter Rühren dazugeben und rühren, bis er zerlaufen ist. Die Suppe mit Salz und Pfeffer abschmecken. Mit Obers verfeinern. Die fertige Suppe mit Schwarzbrotwürfeln, Sardellen und Pfefferkraut anrichten.

Bierschaumsuppe mit Gurke und Garnelenspieß

1 Schalotte, fein geschnitten
20 g Butter
etwas Muskatnuss, Curry,
Garam Masala* und Kurkuma
2 Salatgurken, gewürfelt
500 ml Hühnerfond
180 ml Obers
125 ml Hanfbier
Salz
1 EL Koriandergrün
20 Garnelen, mariniert mit Tandoori und schwarzem Sesam
2 EL Mandeln, geröstet

*Die traditionellen Mischungen von Garam Masala enthalten Gewürze, die nach der ayurvedischen Heilkunde den Körper erhitzen. Dazu zählen zum Beispiel Schwarzer Kardamom, Zimt, Gewürznelken, Schwarzer Pfeffer und Kreuzkümmel.

Die Schalotte in Butter mit etwas Muskat, Curry, frischer Kurkumawurzel und Garam Masala andünsten, dann die Gurkenstücke dazugeben und glasig werden lassen. Mit dem Fond, der Hälfte des Obers und dem Bier ablöschen. Die Suppe 15 Minuten leicht kochen lassen, salzen, dann pürieren.
Die zuvor marinierten Garnelen auf kleine Spieße stecken und in Öl kurz beidseitig anbraten.
Die Suppe nochmals aufkochen lassen, das restliche geschlagene Obers locker unterheben und mit den Gewürzen abschmecken. Die Suppe mit den Gurkenwürfeln, den Mandeln und den Garnelenspießen anrichten.

Bier-Cremesuppe

Rezept von Erika Hofer, Toni Bräu, Wagenbach

1 Zwiebel
Butter
500 ml helles Bier
250 ml Sauerrahm
50 g Mehl
je 1 TL Majoran, Liebstöckel, Petersilie und Schnittlauch
etwas Chili und Kümmel
Salz
Pfeffer

Die Zwiebel fein hacken und in Butter anschwitzen. Anschließend mit 500 ml hellem Bier aufgießen und aufkochen lassen. Sauerrahm mit dem Mehl glattrühren und dazugeben. Eine halbe Stunde köcheln lassen. Mit Salz, Pfeffer und/oder Chili, Majoran, Liebstöckel, etwas Kümmel, Petersilie und Schnittlauch abschmecken. Als Einlage passen Kräuter- oder Grammelknödel.

Bierschaumsuppe mit Gerstennockerln

250 ml Hühnersuppe
(kann auch Rindsuppe sein)
250 ml Obers
330 ml helles Bier, auch Zwickel
1 mittlerer Erdapfel, geschält, gewürfelt
etwas Zitronenschale, gerieben
Muskat
Zucker
Salz
Pfeffer, frisch gemahlen
3 Eidotter
Zimt
50 g Butter

Gerstennockerl
50 g Butter
1 ganzes Ei
50 g Gerstenmehl
1 EL Sesam
Salz
Koriander, gemahlen

Suppe mit der Hälfte des Obers und des Biers und den Erdäpfelwürfeln gut durchkochen, bis die weich gekochten Erdäpfelwürfel die Suppe abbinden. Dann alle Gewürze dazugeben. Die Eidotter mit dem restlichen Bier versprudeln und in die Suppe geben. Zum Schluss die kalte Butter einrühren, damit die Suppe auch sämig wird.
Für die Gerstennockerl die zimmerwarme Butter mit dem Ei flaumig rühren, das Mehl, den Sesam und etwas Koriander dazugeben und gut vermischen. Aus der Masse Nockerl formen und 2 Minuten im heißen Wasser kochen lassen, dann weitere 3 Minuten ziehen lassen.
Das restliche Obers schlagen. Die Suppe mit den Nockerln als Einlage, einem Löffel geschlagenem Obers und mit etwas Zimt bestreut servieren.

Orzo-Risotto mit Chorizo-Miesmuscheln

140 g Chorizo oder scharfe Salami, kleinwürfelig geschnitten
100 g Zwiebeln, fein gehackt
2 Knoblauchzehen, fein gehackt
1 kg Miesmuscheln
etwas Zitronenthymian
200 ml Weißbier
Zitronenscheiben
180 g Orzo (Risoni)*
3 Paradeiser, blanchiert, kleinwürfelig geschnitten
Muskat
200 ml Dinkel-Weizenbier
30 g Asmonte oder Parmesan, gerieben
50 g Butter
4 kleine Zucchini
1 EL Basilikum, feinblättrig geschnitten
Salz
Pfeffer

*kleine reiskorngroße italienische Pasta.

Pfanne erhitzen, die Chorizo mit der Hälfte der Zwiebeln und des Knoblauchs darin schmurgeln, wenn nötig, etwas Fett abgießen und zur Seite stellen.
Die Miesmuscheln säubern, offene Muscheln entfernen. Einen Topf mit dickem Boden erhitzen, die Miesmuscheln mit Zitronenthymian hineingeben, Deckel darauf, kurz warten, dann schütteln, den Deckel wieder abnehmen und mit dem Bier ablöschen. Die Zitronenscheiben dazugeben und wieder schütteln. Mit einem Lochschöpfer die geöffneten Muscheln herausnehmen, die geschlossenen entsorgen. Den Fond auf die Hälfte reduzieren. Ein Drittel der Muscheln für die Garnitur reservieren, die restlichen aus der Schale nehmen.
Einen Topf mit etwas Butter erhitzen, darin die restlichen Zwiebeln und den Knoblauch glasig anschwitzen. Orzo, Paradeiser, Wurst, etwas Muskat und Bier zufügen und auf kleiner Flamme köcheln lassen. Dann den Muschelfond angießen und ca. 25 Minuten immer wieder rühren, der Orzo soll al dente sein. Nun noch Käse und Butter unterrühren. Die Muscheln ohne Schale dazugeben und gut durchmischen. In einem tiefen Pastateller anrichten, mit den restlichen Muscheln und je zwei gebratenen Zucchinihälften garnieren und mit Basilikum bestreuen.

Santa-Monica-Burger

1 kg Faschiertes vom Rind
200 ml Bier (helles Bier, Kellerbier, Vollbier)
2 Knoblauchzehen, fein gehackt
2 Jungzwiebeln, kleinwürfelig geschnitten
1 EL Chilisenf
Saft und Zesten von ½ Limette
etwas Sesam und Zwiebelsamen

Brot
500 g Mehl
½ Würfel frische Germ
50 g Zucker
100 g Butter, zimmerwarm
6 Eier

Thunfischtatar
200 g sehr frischer Thunfisch,
kleinwürfelig geschnitten
50 g Jungzwiebeln,
in dünne Scheiben geschnitten
6 EL Sojasauce
1 EL Sesamöl
1 TL Ingwer, gerieben
1 TL Knoblauch, gerieben

nach Geschmack Limettensaft, Koriander,
Basilikum, Chili, Sesam, Sherry

Das Faschierte mit den Zutaten gut vermischen und mindestens 12 Stunden ziehen lassen.
Für die Burgerweckerl Mehl, Germ und Zucker vermengen, dann mit Butter, Salz und den Eiern zu einem elastischen Teig kneten, am besten ebenfalls einen Tag vor Gebrauch. Im Kühlschrank rasten lassen.
Ein Nudelbrett bemehlen, aus dem Teig kleine Laibchen formen und an einem warmen Ort eine Stunde gehen lassen. Dann bei 180 °C ca. 15 Minuten backen.
Aus dem Fleisch Laibchen formen und auf beiden Seiten anbraten oder grillen.
Für das Thunfischtatar alle Zutaten gut vermischen. Burgerbrotweckerl halbieren, mit dem Thunfischtatar bestreichen, Salatblätter und Burger darauflegen, eventuell auch noch Paradeiserscheiben, und mit scharfem Senf servieren.

Fasanenbrust in Portersud mit Speckzwetschken und Römersalatherzen

Speckzwetschken
12 Dörrzwetschken
12 ganze Mandeln, geschält
12 Scheiben Rohschinken

Fasanenbrust
200 ml Porter
100 ml Portwein
100 ml Fasanen- oder Hühnerfond
1 Stangensellerie, kleinwürfelig geschnitten
1 kleine Karotte, geschält,
kleinwürfelig geschnitten
2 Champignons, würfelig geschnitten
1 TL Kaffee, grob gemahlen
1 Lorbeerblatt
Steinpilz-Thymian
4 Fasanenbruststücke ohne Haut
Salz
Pfeffer

Römersalatherzen
4 kleine Römersalatherzen
1 Ei
etwas Milch
4 EL Asmonte oder Parmesan, gerieben
Butterschmalz zum Braten
Kernöl
Bieressig
Salz
Pfeffer

In einem Topf Porter, Portwein, Gemüse und Gewürze aufkochen und auf ein Drittel einreduzieren. Die Fasanenbrüste in den heißen Fond legen und bei maximal 75 °C ca. 18 Minuten ziehen lassen.
Die Salatherzen waschen, trocken schleudern und halbieren. Das Ei mit etwas Milch verquirlen, in einen Suppenteller geben, den geriebenen Käse in einen anderen Suppenteller geben.

Eine Pfanne mit Butterschmalz erhitzen, die Römersalatherzen mit der Schnittfläche zuerst in das Ei, dann in den Käse tauchen und nicht zu heiß goldgelb anbraten, dann wenden. Von der Flamme nehmen, mit Kernöl und Bieressig beträufeln und Pfeffer aus der Mühle würzen.
Fasanenbrüste aus dem Fond nehmen, in Scheiben schneiden und auf vorgewärmten Tellern mit den Salatherzen und den Speckzwetschken zusammen anrichten.

Spargelnudeln mit Oktopus-Bolognese

Bolognese

200 g Oktopus
100 g Zwiebeln, kleinwürfelig geschnitten
2 Knoblauchzehen, fein gehackt
etwas Zitronenthymian
Zucker
200 g Kalbsfaschiertes
300 g Paradeiser, ohne Haut, würfelig geschnitten
100 g gelber und roter Paprika, kleinwürfelig geschnitten
50 g Karotten, kleinwürfelig geschnitten
250 ml helles Bier
Chili
Öl
Salz
Pfeffer

Spargelnudeln

600 g weißer Spargel
1–2 Orangen, filetiert, den Saft auffangen
Zitronenthymian
Szechuan-Pfeffer
Zucker
50 g Jungzwiebeln, in Scheiben geschnitten
100 ml Bier
Sherry
kalte Butter
Schnittlauch
Bärlauch
Basilikum
Öl
Salz
Pfeffer

Oktopus separat ca. 1½ Stunden in Salzwasser garen, putzen und in mundgerechte Stücke schneiden. Öl erhitzen und Zwiebeln mit Knoblauch, Zitronenthymian und Zucker anschwitzen, jetzt das Kalbsfaschierte dazugeben und anrösten.

Dann die Paradeiser, Paprika und Karotten dazugeben, mit dem Bier ablöschen und köcheln lassen, bis die Sauce Bindung gibt. Oktopus dazugeben und abschmecken, das Ganze noch mit etwas Butter abrunden.

Den Spargel schälen, das holzige Ende abschneiden und vom unteren Ende her der Länge nach mit einem Sparschäler in dünne Bänder schneiden. Orangen filetieren, den Saft auffangen. Öl erhitzen, Spargel mit Zitronenthymian, Szechuanpfeffer, Zucker und Jungzwiebeln anbraten. Spargel herausnehmen, den Bratensatz mit Orangensaft, Bier und Sherry ablöschen und zu einer Glace reduzieren. Mit der Butter montieren, Orangenfilets dazugeben, von der Flamme nehmen und mit den Kräutern und dem Spargel durchschwenken.

In einem tiefen Pastateller zuerst die Bolognese mit dem Oktopus anrichten, dann die „Nudeln“ darüber geben.

Räucherfischtascherl mit „überschäumender Luft“

Fülle

250 g Räucherforelle
80 g Crème fraîche
2 Jungzwiebeln, klein geschnitten
1 TL Schnittlauchröllchen
1 EL Petersilie und Kräuter der Saison
Salz
Pfeffer

Erdäpfelteig

400 g mehlige Erdäpfel
150 g Erdäpfelstärke
30 g weiche Butter
3 Eidotter
Muskat
Salz
Pfeffer

Überschäumende Luft

50 g Zwiebeln, würfelig geschnitten
1 Knoblauchzehe, zerdrückt
Butter
100 g Räucherforelle, Filetstücke
200 ml Märzen
Sherry
etwas Thymian
1 Lorbeerblatt
150 ml Obers
1 Blatt Gelatine, im kalten Wasser eingeweicht
Öl
Salz
Pfeffer
Schnittlauch
Paradeiser

Für die Fülle das Räucherforellenfleisch mit den übrigen Zutaten vermengen und abschmecken.
Für den Teig Erdäpfel waschen, in Salzwasser weich kochen, abgießen und ausdampfen lassen. Dann schälen und durch eine Erdäpfelpresse drücken, etwas abkühlen lassen und rasch mit den Zutaten vermengen. Auf einem bemehlten Nudelbrett den Erdäpfelteig ca. 2 mm dünn ausrollen. Mit einem runden Ausstecher mit ca. 8 cm Durchmesser Teigscheiben ausstechen. Eine Gabel voll Räucherforellenfüllung in die Mitte geben, eine weitere Teigscheibe darüberlegen und die Ränder mit einer Gabel andrücken. In einem Topf reichlich Wasser mit Salz aufkochen, die Tascherl hineingeben und bei milder Hitze ca. 10 Minuten ziehen lassen.
Für die „überschäumende Luft" Zwiebeln und Knoblauch in etwas Butter glasig dünsten und mit Räucherforellen-Filetstücken kurz anrösten. Mit Bier und einem Schuss Sherry ablöschen, Kräuter dazugeben und leicht köcheln lassen. Obers angießen und leicht weiterköcheln. Dann durch ein ganz feines Sieb gießen, die Gelatine einrühren und in eine Sahneflasche füllen. Mit zwei Patronen laden und Schaum über die angerichteten Tascherln geben.
Mit Schnittlauch und Paradeisern garniert servieren.

Schweinsfilet mit Bierrettich und Gewürzsauce

600 g Schweinsfilet
Butter zum Braten

Marinade
2 EL Hanföl
1 EL Rapsöl
2 Knoblauchzehen, fein gehackt
je 1 TL Paprikapulver, Rosmarin, Pfirsichsalbei, Ingwerminze, Wildpfeffer

Gewürzsauce
1 EL Butter zum Anbraten
2 EL Butter
100 g Zwiebeln, fein gehackt
1 Knoblauchzehe, fein gehackt
1 TL Curry, fruchtig, nicht zu scharf
1 TL frische Kurkumawurzel, kleinwürfelig geschnitten
etwas Chili, Ingwer, Minze
330 ml helles Bier
2 EL Zitronenkräuteressig
3 EL Crème fraîche
etwas Stärkemehl

Bierrettich
1 EL Butter
400 g Bierrettich, geschält, grob gerieben
200 g mehlige Erdäpfel, geschält, grob gerieben
1 EL Honig
1 EL Bieressig
etwas Muskat
Salz
Pfeffer

Die Zutaten für die Marinade gut verrühren, die Schweinsfilets in ca. 2,5 cm dicke Medaillons schneiden und mindestens 1,5 Stunden darin marinieren.
Für die Sauce einen Topf mit 1 EL Butter erhitzen, darin Zwiebeln, Knoblauch, Curry und Kurkuma mit den übrigen Gewürzen etwas anschwitzen, mit Bier und Essig ablöschen und auf die Hälfte einreduzieren. Crème fraîche einrühren, leicht köcheln, mit Stärkemehl locker binden und kurz aufkochen lassen.
Vor dem Servieren mit einem Stabmixer aufmixen und mit der restlichen Butter montieren.

Für den Bierrettich Butter in einem Topf erhitzen, alle Zutaten beifügen, zugedeckt weich schmurgeln und abschmecken.
Butter in der Pfanne leicht bräunen und die Medaillons beidseitig anbraten. Mit der Marinade begießen und von der Flamme nehmen. Den Deckel darauf geben, bei geringer Hitze gar ziehen lassen und dann erst salzen.

Fleisch auf dem Rettich und mit der Sauce rundherum anrichten und servieren.

Besoffene Wildsau in Honig-Biersauce mit Kräuter-Polenta-Pralinen

Für die Marinade
125 g Honig
250 ml Schwarzbier
4 cl Schnaps (ev. Kümmel- oder Wacholderschnaps)
½ TL Kümmel
2 Wacholderbeeren, gestoßen

1 kg Wildschweinfleisch (Keule)
50 g Schweineschmalz
Gemüse der Saison (Kichererbsen, Bohnenschoten, Paradeiser ...)
Apfel- oder Zitronensaft
Salz
Pfeffer

Kräuter-Polenta-Pralinen
100 g Polenta
300 ml Wasser
300 ml Bier (nach Geschmack)
Salz
3 EL Kräuter der Saison, fein gehackt
Mini-Formen

Für die Marinade alle Zutaten gut vermischen. Das Fleisch zwei Tage in die Marinade einlegen und mehrfach wenden. Vor der Zubereitung gut abtropfen lassen. Mit Salz und Pfeffer einreiben und in Schweineschmalz kräftig anbraten. Nach und nach die Marinade dazugeben und immer wieder einkochen lassen. Ca. 1 bis 1 ½ Std. schmoren. In der letzten halben bis dreiviertel Stunde das Gemüse dazugeben. Zum Schluss mit Apfel- oder Zitronensaft abschmecken.

Für die Kräuter-Polenta-Pralinen den Polenta in die wallende Mischung aus Wasser und Bier geben und ca. 8 bis 10 Minuten lang zu einer dickcremigen Konsistenz einrühren. Salzen, die Kräuter unterheben, in Formen füllen oder Polenta 2 bis 3 cm dick aufstreichen und mit Keksformen Pralinen ausstechen. Im Backrohr kurz überbacken.

Wildschweinfleisch mit dem Gemüse und den Polenta-Pralinen anrichten.

Feine Lamm-Fladenrolle

400 g Lammfleisch, gebraten
1 TL Kreuzkümmel
1 TL Pfeffer
1 EL Olivenöl
Saft von 1 Zitrone
Thymian
etwas Harissa für die Schärfe
Salz
Pfeffer

Bier-Hummus

200 g Kichererbsen, gekocht
2 EL Tahina (Sesampaste)
250 ml helles Bier
1 Knoblauchzehe, fein gehackt
1 EL Petersilie, fein gehackt
Olivenöl
Kreuzkümmel
Zitronensaft
Salz
Pfeffer

4 Fladenbrote

Taboulé

120 g Bulgur, gekocht
2 Paradeiser, gewürfelt
80 g Salatgurke, gewürfelt
2 Frühlingszwiebeln, in feine Streifen geschnitten
je 1 Bund Petersilie und Minze, fein gehackt
4 EL Olivenöl
2 EL Zitronensaft

Das Lammfleisch ca. 1 Stunde marinieren, danach vorsichtig erwärmen, in dünne Scheiben schneiden.
Kichererbsen mit einem Passiersieb fein pürieren und mit den restlichen Zutaten gut verrühren.
Für das Taboulé alle Zutaten vermischen. Das Fladenbrot kurz erwärmen, in die Mitte eine dünne Schicht Hummus geben, darauf eine Schicht Taboulé und zum Schluss mit dem Lammfleisch belegen. Je nach Geschmack mit Harissa würzen. Das Brot einrollen und in gefettetes oder gewachstes Papier wickeln, das eine Ende umschlagen, damit keine Flüssigkeit herauslaufen kann.

Mit dem Taboulé und eventuell noch einer pikanten Dip-Sauce servieren.

Gesurtes Reh

Sur
1 l Wasser
1 l dunkles, malzbetontes Bier
Gewürze (Wacholder, Koriander, Piment, Zimt, Nelken, Chili)
1 EL Pfefferkörner, zerdrückt
4 EL Salz
4 EL Honig
Saft und Zesten von 1 Orange

600 g Rehfleisch
(Schlögel, Nuss oder Kaiserteil)

Rotkraut
500 g Rotkraut
Zesten von 1 Orange
1 Zwiebel, fein gehackt
Ingwer
30 g Zucker
100 ml Orangensaft
Chili, Kardamom, Kurkuma
1 EL Preiselbeermarmelade
1 EL Malzessig
1 Apfel, klein geschnitten
2–3 Orangen, filetiert
und würfelig geschnitten
Salz
Pfeffer

2–4 schwarze Nüsse
Vogelbeeren
4 kandierte Orangenspalten

Für die Sur in die Wasser-Bier-Mischung die Gewürze, Salz, Honig, Saft und Orangenzesten einrühren und gut verrühren. Das Fleisch einlegen und im Kühlschrank 2 Tage marinieren lassen. Das Fleisch in der Sur aufkochen und ca. 15 Minuten ziehen lassen.
Rotkraut vierteln, in dünne Streifen schneiden und blanchieren. Dann Zesten, Zwiebel, Ingwer im Zucker zu hellbraunem Karamell schmelzen, mit Orangensaft ablöschen, Gewürze beigeben, köcheln und mit Preiselbeeren, Malzessig, Apfelstücken, Orangenfilets und dem Rotkraut mischen und abschmecken. Beim Anrichten das Rehfleisch in dünnen Scheiben auf das Rotkraut legen und als Garnitur schwarze Nüsse, Vogelbeeren und kandierte Orangen verwenden.

Braumeisters Nierndln

500 g Schweins-Nierndln, fein geschnitten
2 Zwiebeln, fein gehackt
250 ml Bockbier (dunkles Bier, Alt oder Porter)
250 g Paradeiser, klein aufgeschnitten
125 g Pilze, fein geschnitten
1 Knoblauchzehe, zerdrückt
Paprika, edelsüß
Gewürzkräuter nach Belieben (Majoran, Petersilie, Rosmarin, Oregano ...)
Öl
Salz
Pfeffer

Im heißen Öl die Zwiebeln goldbraun anrösten, die mehlierten Nierndlstücke kurz darin anbraten und warm stellen.
In den Bratensatz die Hälfte vom Bier gießen und aufkochen lassen. Dann Paradeiser und Pilze dazugeben, mit wenig Salz, Pfeffer, Paprika und den Kräutern würzen. Ca. eine Viertelstunde köcheln lassen, dann Nierndln und die zweite Bierhälfte dazugeben, abschmecken und servieren.

Tipp: Als Beilage schmecken Nudeln, Serviettenknödel oder Petersilerdäpfel.

Wildragout

2 Jungzwiebeln, fein gehackt
50 g Selchspeck, in Würfel geschnitten
Öl
750 g Wildfleisch
(Reh, Hirsch, Wildschwein), in Würfel geschnitten
400 ml dunkles malzbetontes Bier
½ TL Wacholderbeeren
Thymian
150 g Seitlinge
4 weiße Rübchen
4 Jungkarotten
8 kleine Erdäpfelkugeln
8 frische Perlzwiebeln
etwas Jungknoblauch
125 ml Schlagobers
Mehl
Piment, gemahlen
Biersenf
Salz, Pfeffer

Zwiebeln und Selchspeck im heißen Öl rasch anbraten. Die Fleischwürfel mit Mehl bestäuben und darin anbräunen, dann Bier, Wacholder und Thymian dazugeben und ca. eine Dreiviertelstunde dünsten. Die Pilze und das übrige Gemüse hinzufügen und ca. 25 Minuten mitdünsten. 2 EL Schlagobers mit etwas Mehl anrühren, die Sauce damit binden, schließlich mit dem restlichen Obers, Salz, Pfeffer, Piment und Senf abschmecken.
Wenn man es bunter haben will, das Gemüse extra in Salzwasser mit etwas Essig garen und erst beim Anrichten zum Fleisch geben.

Hühnerkeulen in Zwetschken-Biersauce

200 g Dörrzwetschken
500 ml Bier (malzbetontes bis dunkles Bier)
4 Hühnerkeulen
Salz
Pfeffer
Butter
300 g Zwiebeln, würfelig geschnitten
2 Lorbeerblätter
3 Thymianzweige
3 EL Dijonsenf
50–60 ml Obers
Zucker
etwas dunkles Bier
1 säuerlicher Apfel, in Spalten geschnitten
Radicchio (Treviso)

Die Dörrzwetschken für 2 Stunden im Bier einweichen. Die Hühnerkeulen salzen und pfeffern, in Butter anbraten, beiseite stellen und warm halten. Anschließend die Zwiebeln glasig anbraten, mit der Bier-Zwetschkenmischung ablöschen und kurz aufkochen lassen. Die Hitze reduzieren und die Keulen, die Lorbeerblätter, den Thymian und etwas Salz hinzufügen und eine gute halbe Stunde schmoren lassen.
Sobald die Keulen gar sind, kann man die Thymianzweige und Lorbeerblätter entfernen, Senf und Obers hinzufügen und die Sauce pürieren. Eventuell mit einer Mehl-Schlagobers-Mischung oder Butter binden.
Zucker karamellisieren, mit dunklem Bier ablöschen und Apfelspalten und Radicchio darin anschmoren.
Hühnerkeulen in der Sauce mit den Apfelspalten und dem Radicchio anrichten.

Virginia-Kürbis

1 Kürbis
(Butternuss oder Hokkaido, nicht zu groß)

Fülle

3 EL dunkles Vollbier
40 g Schafskäse
1 Anchovisfilet
70 g Schweinefleisch, kleinwürfelig geschnitten
50 g Faschiertes vom Schwein
40 g gekochter Reis
1 Knoblauchzehe, fein gehackt
1 EL Petersilie
Salz
Pfeffer

1 mittlere Zwiebel, fein gehackt
Zucker
Schmalz
120 g Schinken, in feine Streifen geschnitten
Dunkles Vollbier

Den Kürbis waschen. Alle Zutaten für die Fülle fein vermischen, ergibt ca. 300 Gramm. Kürbis im oberen Drittel durchschneiden, aushöhlen und mit der Fülle füllen. Im Backrohr bei 180 °C ca. 40 Minuten garen.
Zwiebel mit Zucker in Schmalz anschwitzen, leicht karamellisieren, Schinken dazugeben, kurz weiterdünsten und mit Bier ablöschen.
Kürbis auf dem Zwiebel-Schinkenbett anrichten.

Schopfrolle vom glücklichen Schwein

mit Biersauerkraut und Kürbisgemüse

280 g Sauerkraut
200 ml Hanfbier

Kürbisgemüse
100 ml Bieressig
100 ml Wasser
1 Lorbeerblatt
etwas Curry, Sternanis, Piment, Zimt
Salz, Pfeffer
50 g Zucker
200 g Muskatkürbis, würfelig geschnitten
200 g Paradeiser, geviertelt

4 Schopfschnitzel à ca. 130 g
1 EL Biersenf
1 TL Leinsamen, 5 Minuten gekocht, abgespült
1 TL Ingwer, gerieben
200 g Milchbrot (Brioche), kleinwürfelig geschnitten
Salz, Pfeffer

Das Sauerkraut mit dem Hanfbier weich dünsten. Bieressig, Wasser, Gewürze und Zucker aufkochen lassen, den Kürbis und die Paradeiser dazugeben, würzen und ca. 10 Minuten köcheln lassen. Schopfschnitzel jeweils etwas plattieren, mit dem Senf bestreichen und mit Leinsamen und Ingwer bestreuen. Vom unteren Ende des Fleisches abwechselnd mit etwas Biersauerkraut und Milchbrot belegen und so eng wie möglich aufrollen. Das Ende mit einem Zahnstocher fixieren und die vier Rouladen mit Küchenspagat binden. Eine halbe Stunde mit dem Verschluss nach unten rasten lassen, dann rundherum anbraten und ca. 5 Minuten im Backrohr bei 180 °C fertig garen.

Die Schopfrollen jeweils in Scheiben schneiden und mit dem Kürbisgemüse anrichten.

Schwedisches „Sjömansbiff“

400 g Zwiebeln, in dünne Streifen geschnitten
900 g Rindsschnitzel, ca. 1 cm dick
2 EL Biersenf
50 g Butter
Mehl
1,2 kg festkochende Erdäpfel, halbiert
500 ml Bier (Märzen)
400 ml Rindsuppe
2 Lorbeerblätter
Wacholderbeeren
Thymian
Majoran
Salz
Pfeffer

etwas Zwiebel und Lauch, in Ringe geschnitten
Petersilie, gehackt

Zwiebeln in einem Schmortopf mit etwas Butter hellbraun anrösten und herausnehmen. Danach die Rindsschnitzel mit Biersenf leicht bepinseln, mit Salz und Pfeffer würzen, mehlieren und im Schmortopf mit Butter auf beiden Seiten anbraten, herausnehmen.
Erdäpfel, Zwiebeln und die Rindsschnitzel schichtweise in den Schmortopf einlegen, mit Bier und Rindsuppe begießen, Lorbeerblätter, Thymian, Majoran und Wacholderbeeren dazugeben und den Topf zudecken. Bei schwacher Hitze ca. 1 ½ Stunden schmoren lassen.
Vor dem Servieren mit Zwiebel- und Lauchringen und Petersilie bestreuen.

Dunkelbier-Lammbraten

Rezept von Erika Hofer, Toni Bräu, Wagenbach

4 Lammstelzen oder 1 Lammkeule
2 EL Schweineschmalz
2 (Frühlings)Zwiebeln, fein geschnitten
3 Knoblauchzehen, fein geschnitten
1 Bund Suppengemüse, fein geschnitten
Bieressig
500 ml dunkles Bier
Knoblauch
Thymian
Ingwer, Rosmarin
Kümmel
8 kleine Erdäpfel, in Pilzform geschnitten
1 Quitte, geschält, in Spalten geschnitten
1 EL Kapern
2 Eidotter
100 g Sauerrahm
Salz
Pfeffer

Stelzen von Sehnen und Fett befreien und mit Salz und Pfeffer einreiben. In einer höheren Pfanne (mit Deckel) Schweineschmalz erhitzen und die Keule darin von allen Seiten anbraten. Die Keule bzw. Stelzen herausgeben und Zwiebel, Knoblauch und Suppengemüse kurz im Bratfett anrösten. Das Lammfleisch auf das Röstgemüse legen, Gewürze beifügen, mit etwas Bieressig und 500 ml dunklem Bier aufgießen. Im 175 °C heißen Ofen 30 Minuten in der geschlossenen Pfanne garen lassen und immer wieder mit dem Saft begießen. Die Erdäpfel und die Quitten dazugeben und noch eine Stunde mit garen. Die fertige Keule bzw. Stelzen und die Erdäpfel aus der Pfanne heben und warm stellen.

Den Bratenfond durch ein Sieb in einen Topf gießen, das passierte Gemüse und 1 EL Kapern dazugeben und kurz aufkochen. Zwei Eidotter mit 100 g Sauerrahm verquirlen, in die Sauce geben und nicht mehr kochen lassen. Mit Salz und Pfeffer abschmecken und getrennt zum Fleisch und den Erdäpfeln servieren.

Selchfleischdukaten mit Grazer Krauthäuptel

Teig
1 Würfel frische Germ
150 ml Milch
500 g glattes Mehl
20 g Zucker
100 g Butter, zimmerweich
100 ml Bier (Märzen)
2 Eier
Muskat
etwas Butter
Salz

Fülle
500 g Selchfleisch, kleinwürfelig geschnitten
100 g Zwiebeln, kleinwürfelig geschnitten
1 Bund Petersilie, gehackt
20 g Grammelschmalz
Salz
Pfeffer

Kernöldressing
65 ml Rapsöl
4 EL Kernöl
65 ml Biermalzessig
1 Eidotter
1 Knoblauchzehe, gehackt
Zucker
Salz
Pfeffer
1 Grazer Krauthäuptel
(aromatischer Gartensalat mit roten Rändern)
Schnittlauch, fein geschnitten

Germ mit etwas lauwarmer Milch und etwas Mehl und Zucker zu einem dickflüssigen Dampfl ansetzen. An einem warmen Ort bedeckt gehen lassen, dann mit den restlichen Zutaten zu einem Teig verkneten und zweimal gehen lassen.

Für die Fülle alle Zutaten zusammen faschieren oder grob kuttern und zu kleinen Kugeln formen. Den Teig auf einem bemehlten Nudelbrett ca. einen halben Zentimeter dick ausrollen. Dukaten ausstechen und mit den Selchfleischkugeln füllen. In gebutterte Formen geben, einmal aufgehen lassen und mit flüssiger Butter bepinseln. Im vorgeheizten Backrohr bei 180 °C ca. 35 bis 40 Minuten backen.

Für das Dressing alle Zutaten gut zusammenmischen, eventuell mit einem Stabmixer aufmixen. Salat waschen, trocken schleudern, mit dem Kernöldressing anrichten und mit etwas Schnittlauch bestreuen. Dukaten mit dem Salat anrichten.

Als kleine Portion kann man dieses Gericht auch als Vorspeise servieren.

Knusperroulade vom Lamm mit Rösterdäpfeln und Kirschbierbirne

4 Lammschnitzel vom Kaiserteil à 120 g
8 Scheiben Lammschinken, gekocht
4 EL Brimsen

Panade

Mehl
Ei
Brösel
Sesam
Kürbiskerne, gehackt, geröstet
Cornflakes, grob zerdrückt
Öl
Butter

Rösterdäpfel

4 Erdäpfel, gekocht,
in mittlere Scheiben geschnitten
1 Stange Lauch, fein geschnitten
100 g weißer Rettich,
in dünne Scheiben geschnitten
Salz
Pfeffer

Kirschbierbirne

2 Birnen (Alexander)
2 EL Zucker oder Gelierzucker
330 ml Kirschbier
1 EL Kirschen- oder Weichselmarmelade
etwas Ingwer, gerieben
Zimt
Chili

Lammschnitzel vorsichtig klopfen, mit Schinken und Brimsen belegen und die Kanten leicht einschlagen. Einrollen und mit einen Zahnstocher fixieren. Für die Panade Brösel, Sesam, Kürbiskerne und Cornflakes mischen, die Schnitzel in klassischer Reihenfolge panieren und in einer Öl-Butter-Mischung (oder Schmalz) knusprig backen, gut abtropfen lassen.

Für die Rösterdäpfel die Erdäpfel beim Braten leicht zerdrücken, zuletzt mit Lauch und weißem Rettich verfeinern, mit Salz und Pfeffer abschmecken.

Für die zweite Beilage Birnen schälen, halbieren, die Kerne entfernen. Zucker mit Kirschbier, Marmelade und Ingwer aufkochen und die Birnen darin weich kochen. Dann noch ca. 20 Minuten ziehen lassen.

Beim Anrichten die Birnen gefächert aufschneiden, ein paar Tropfen vom Kochsud dazugeben und mit den Rouladen und den Rösterdäpfeln servieren.

Braumeisters Leber

500 g Leber (Kalb, Schwein), gewaschen, in dünne Streifen geschnitten
50 g Speck, gut durchzogen, kleinwürfelig geschnitten
2 Zwiebeln, kleinwürfelig geschnitten
250 ml dunkles Bier
Mehlbutter
½ Bd. Petersilie, fein gehackt
Salz
Pfeffer

Zwiebel im Speck glasig dünsten, dann die Leber dazugeben und kurz allseitig anbraten. Etwas salzen und pfeffern. Bier zugießen und die Leber in der Soße ca. 5 Minuten garen. Etwas Mehlbutter zur Soße geben, noch ein paar Minuten fertig dünsten lassen. Mit Petersilie betreut servieren. Als Beilage passen Spätzle, aber auch Röstgemüse.

Braumeisters Bettlerhuhn

1 Huhn, ca. 1 kg
je 1 Zweig Rosmarin, Lavendel und Thymian
Ananassalbei
1 Knoblauchzehe, angedrückt
rote Pfefferkörner

Salzmantel

600 g Meersalz
250 g Mehl
4 Eiklar
Pils

Braumeistersauce

Öl zum Anrösten
300 g Hühnerklein
1 Zwiebel, würfelig geschnitten
1 Karotte, würfelig geschnitten
30 g Stangensellerie, würfelig geschnitten
1 Knoblauchzehe, fein gehackt
2 große Champignons, blättrig geschnitten
400 ml Hühnerfond
Koriander
Thymian
Macis
1 EL Paradeisermark
300 ml Pils
Salz
Pfeffer
30 g Butter

Für den Salzmantel Salz, Mehl, Eiklar mit so viel Bier verkneten, dass eine formbare Masse entsteht. Die Masse zwischen Frischhaltefolie ca. 1 cm dick ausrollen. Dann auf ein Backpapier auflegen, das Huhn daraufsetzen, in den Salzmantel einschlagen und in eine feuerfeste Form geben. Im Backrohr ca. 55 Minuten garen.
Für die Sauce in einem Topf etwas Öl erhitzen, Hühnerklein, Gemüse und Pilze anrösten, das Paradeisermark und die Gewürze dazugeben, kurz mitrösten und mit Pils ablöschen. Den Hühnerfond dazu gießen und ca. 40 Minuten köcheln. Den Fond abseihen, reduzieren, mit Butter binden und abschmecken.
Den Salzmantel erst bei Tisch gleichsam als Zeremonie öffnen und das Fleisch mit der Sauce servieren.

Das Gericht ist eine Abwandlung eine chinesischen Speise, zu der eine Geschichte überliefert ist: Es war einmal ein Bettler, der schon einige Tage nichts gegessen hatte und deswegen bewusstlos im Straßengraben lag. Seine Bettlerfreunde entdeckten ihn und trugen ihn in einen verfallenen Tempel. Um ihn zu retten, wollten sie ihm ein Huhn kochen. Dafür stahlen sie ein Huhn, rupften es und entnahmen ihm alle inneren Organe. In dem verfallenen Tempel hatten sie jedoch keinen Topf und keinen Ofen. Also mussten sie irgendwie das Huhn direkt auf dem offenen Feuer zubereiten. Die Bettler hatten die Idee, das Huhn mit Schlamm zu umhüllen. Damit es nicht schmutzig wurde, schlugen sie das Huhn deshalb zuerst in ein Lotosblatt. Das Ganze wurde dann in das Lagerfeuer gelegt. Nach einer Weile wurde der Schlamm vom Backen ganz trocken. Sie nahmen das Huhn aus dem Feuer und zogen Schlamm und Lotosblatt ab. Der Wohlgeruch des Huhns weckte den bewusstlosen Bettler. Er aß das Huhn und war auf der Stelle gesund. Da die Kochtechnik von den Bettlern erfunden wurde, bekam das Gericht den Namen „Bettlerhuhn“.

Schweinsmedaillons in dunkler Biersauce

300 g Schweinsmedaillons, ca. 2–3 cm dick
Öl und Butter zum Braten
1 TL Zucker
1 TL Mehl
250 ml dunkles Bier
Salz
Pfeffer
2 EL kalte Butter

Medaillons mit Salz und Pfeffer würzen, in Öl und Butter beidseitig jeweils ca. 2 Minuten anbraten und dann im vorgeheizten Backrohr bei ca. 80 °C fertig garen. Zum Bratrückstand Zucker in die Pfanne gegeben und leicht karamellisieren, Mehl unterrühren und das Ganze mit Bier ablöschen. Etwas einkochen lassen und mit Salz und Pfeffer würzen. Zum Schluss mit der kalten Butter montieren. Medaillons mit der Sauce anrichten.
Als Beilagen eignen sich Bandnudeln, Spätzle und/oder Gemüse der Saison.

Hechtfilet mit Szegediner Kraut

600 g Sauerkraut
20 g Schmalz
1 Zwiebel, kleinwürfelig geschnitten
1 l Weinbier
1 EL Bieressig
100 g Selchspeck, würfelig geschnitten
2 TL Paprikapulver
Kümmel
1 TL Paradeisermark
2 rote Paprika, geröstet, geschält, gewürfelt
1 mehliger Erdapfel, roh, gerieben
1 säuerlicher Apfel, geraspelt
600 g Hechtfilets mit Haut
(ca. 150 g pro Person)
Öl
Salz
Pfeffer
Sauerrahm
Koriandergrün oder Thymian

Das Sauerkraut in einem Sieb mit kaltem Wasser abspülen. Schmalz in einem Topf zerlassen, darin die Zwiebel glasig dünsten und mit dem Bier und dem Essig ablöschen.

Das Sauerkraut, den Speck und die Gewürze dazugeben und 1 bis 1 ½ Stunden im Biersud garen lassen. In den letzten 20 Minuten die gebratenen Paprikawürfel, den Erdapfel und den Apfel dazugeben.

Die Fischfilets salzen, von beiden Seiten in Pflanzenöl anbraten und auf der Hautseite fertig garen.

Szegediner Kraut auf Tellern anrichten, je 1 EL Sauerrahm aufs Kraut geben und das Zanderfilet daraufsetzen. Mit Koriander oder Thymian garnieren. Dazu passt hervorragend eine Rucola-Mousse (Rezept siehe Seite XXX).

Biersaibling auf Gemüse-Rollgerste

Gemüse-Rollgerste

2 EL Butter
180 g Rollgerste, über die Nacht eingeweicht
100 g Zwiebeln, kleinwürfelig geschnitten
1 roter Paprika, würfelig geschnitten
100 g Karotten, würfelig geschnitten
100 g Stangenbohnen, in kleine Stücke geschnitten
60 g Stangensellerie, würfelig geschnitten
200 ml Hanfbier oder Zwickelbier
200 ml Gemüsefond
etwas Bohnenkraut, Liebstöckel und Muskat
Salz
Pfeffer

Biersaibling

500 ml Zwickel- oder Hanfbier
zum Dämpfen
Thymian
Dill
Lorbeerblatt
4 Saiblingsfilets à 140 g,
mit Haut, aber ohne Gräten
Salz
Pfeffer
60 g Butter, geschmolzen
geräuchertes Fleur de Sel
Jungzwiebelringe
Petersilie

In einem Topf 30 g Butter erhitzen, Zwiebeln darin glasig anschwitzen, die Gerste und das Gemüse zugeben und ca. 5 Minuten schmurgeln. Mit Bier und Gemüsefond ablöschen, unter wiederholtem Rühren ca. 30 Minuten köcheln lassen. Mit Bohnenkraut, Liebstöckel, Muskat, Salz und Pfeffer abschmecken und vor dem Servieren die restliche Butter unterrühren.
Einen Fischdämpfer (Vapeur) mit Zwickelbier und Kräutern füllen, Dampfgitter einlegen und zum Kochen bringen.

Die Saiblingsfilets mit Salz und Pfeffer würzen und mit der Haut nach oben auf das Dampfgitter legen, die Flüssigkeit darf nicht mehr kochen. Zudecken und vorsichtig ca. 5 Minuten garen.

Die Gemüse-Rollgerste auf Teller häufeln, Saiblingsfilets daraufsetzen, mit der Butter beträufeln. Eine Prise vom geräucherten Fleur de Sel darüberstreuen und mit Jungzwiebelringen und Petersilie garnieren.

Rindslungenbraten in Biersauce

1 kg Rindslungenbraten, im Ganzen
3 EL Butterschmalz
4 große Zwiebeln, grob geschnitten
1 Bund Suppengemüse, grob geschnitten
2 EL Paradeisermark
250 ml dunkles Bier
500 ml Gemüse- oder Fleischfond
1 TL Ribiselgelee
½ TL Majoran, gerebelt
1 EL Zitronensaft
Salz
Pfeffer, frisch gemahlen

Das Fleisch zuputzen und waschen, mit einer Küchenrolle trocknen und kräftig mit Salz und Pfeffer einreiben. Das Fleisch in einem Bräter von allen Seiten in Butterschmalz scharf anbraten. Zwiebeln und Suppengemüse zufügen, kurz mitrösten und anschließend das Paradeisermark einrühren. Dann mit dem Bier ablöschen und den Fond dazugießen. Zugedeckt bei mittlerer Hitze ca. 45 Minuten garen. Danach das Fleisch herausnehmen und zugedeckt 10 Minuten ruhen lassen. Die Sauce durch ein Sieb passieren und etwas einreduzieren. Das Ribiselgelee einrühren und mit Salz, Pfeffer, Majoran und Zitronensaft abschmecken.

Das Fleisch in gleichmäßige Scheiben schneiden, mit der Sauce anrichten und mit Petersilerdäpfeln und/oder Buttergemüse servieren.

Das Gericht kann man auch gut mit Kalbsvögerln zubereiten.

Kalbswangerl in Biersauce

600 g Kalbswangerl
Senfkörner, gemahlen
Thymian
80 g Hamburgerspeck, kleinwürfelig geschnitten
Öl
150 g Pilze, grob geschnitten
1 mittlere Fenchelknolle, fein geschnitten
120 g Karotten, gestiftelt
120 g Schalotten, würfelig geschnitten
16 (Kalamata) Oliven, entkernt und halbiert
2 Knoblauchzehen, gehackt
etwas Oregano, Bohnenkraut, Koriandergrün
330 ml Bier (Helles, Märzen oder Zwickel)
500 ml Gemüsefond
Salz, Pfeffer

Kalbswangerl mit gemahlenen Senfkörnern, Thymian, Salz und Pfeffer würzen, leicht bemehlen, heiß anbraten und zur Seite stellen.
Den Hamburgerspeck in wenig Öl anbraten, bis er etwas Farbe annimmt und dann Pilze, Gemüse und Kräuter dazugeben, ebenfalls anrösten, mit Bier ablöschen, mit dem Gemüsefond aufgießen und kurz köcheln lassen. Die Kalbswangerl dazugeben und in dem Safterl ca. 1 Stunde köcheln lassen. Zum Schluss abschmecken.

Bierbeuschel vom Lamm

700 g Lamm- oder Kitzbeuschel
200 g Lamm- oder Kitzherz

Sud

150 g Wurzelwerk (Karotten, Sellerie, Lauch, Petersilie)
1 l Wasser
1 l helles Bier (Lager, Märzen)
Lorbeerblatt, Majoran, Thymian, Wacholderbeeren
Salz
Pfeffer

Sauce

300 g Zwiebeln, feinblättrig geschnitten
2 Knoblauchzehen, fein gehackt
1 EL Paradeisermark
1 EL Paprikapulver
2 EL Paprikapüree oder Ajvar
Kochsud und Wurzelwerk vom Beuschel
etwas Thymian, Zitronenzesten, Lorbeerblatt, Ingwer
Salz
Pfeffer
Sauerrahm
Jungzwiebelringe

Beuschel und Herz wässern, die Lunge mehrmals mit einem Messer anstechen, dass der Sud eindringen kann, danach alles zusammen ca. 1 Stunde im Sud kochen, anschließend abkühlen lassen. Beuschel und Herz in feine Streifen schneiden.
Das mitgekochte Gemüse in Scheiben schneiden. Zwiebel hellbraun in etwas Öl rösten, Paradeisermark, Paprikapulver, Zitronenzesten, Lorbeerblatt, Ingwer, etwas Thymian und das Gemüse dazugeben. Mit dem Beuschelsud aufgießen und etwas köcheln lassen. Beuschel und Herzstreifen beigeben, ca. 20 Minuten ziehen lassen. Dann das Paprikapüree hinzufügen und sämig köcheln.

Mit Salz und Pfeffer abschmecken, mit Sauerrahm und Jungzwiebeln garniert anrichten.

Forellen in Zwickelbier

4 kleine Forellen, küchenfertig
Salz, Pfeffer
2–3 Schalotten, in feine Ringe geschnitten
1 Karotte, geschält,
in dünne Scheiben geschnitten
4 Jungzwiebeln
Steinpilzthymian
Lorbeerblätter
Wacholderbeeren
ein paar Pfefferkörner
4 kleine Erdäpfel, vorgekocht, geviertelt
40 g Butter, in 4 Stücke geteilt
4 Zweige Petersilie, klein geschnitten
200 ml Zwickelbier
Fleur de Sel Rose

4 Bratfolienschläuche,
doppelt so lang wie die Fische
Spagat zum Verschließen

Forellen mit Salz und Pfeffer würzen. Eine Seite der Folienschläuche gut verschließen, jeweils mit Gemüse, Kräutern und Gewürzen füllen. Darauf jeweils eine Forelle mit der Bauchseite nach unten und darauf wiederum jeweils die Erdäpfel, die Butter und Petersilie geben. Mit Bier anfüllen, fest verschließen und mit einer Messerspitze einige kleine Löcher stechen. Auf ein Backblech legen und im vorgeheizten Backrohr bei 160 °C ca. 17 bis 20 Minuten garen. Aus dem Schlauch direkt auf den Tellern anrichten und mit Fleur de Sel Rose bestreuen.
Dazu Asiasalat (gemischte Jungblätter diverser Salate und Gemüse) mit Hanföl und Biermalzessig reichen.

Schopfschnitzel in Biersauce mit Thymianerdäpfeln und Bierkrautsalat

4 Schopfschnitzel à 200–250 g,
Ränder eingeschnitten, leicht geklopft
3 Zwiebeln, halbiert, in Streifen geschnitten
2 Knoblauchzehen, blättrig geschnitten
1 TL Kümmel, grob gemörsert
500 ml helles Bier
200 ml Apfelsaft
Butter
Öl zum Anbraten
Salz
Pfeffer

Krautsalat
ca. 1 kg Weißkraut, fein geschnitten
100 g Bauchspeck, würfelig geschnitten
etwas Zucker
250 ml helles Bier
100 ml Apfelsaft
Apfelessig
Rapsöl
Kümmel, ganz
weißer Pfeffer, gemahlen
Salz

Thymianerdäpfel
8 mittelgroße Erdäpfel
zerlassene Butter
Thymian
Salz

Die Schnitzel salzen und pfeffern, in Öl beidseitig gut anbraten, herausnehmen und beiseite stellen. Zwiebeln, Knoblauch und Kümmel in etwas Butter braun rösten, eventuell etwas mit Mehl stauben und mit Bier und Apfelsaft ablöschen. Das Ganze aufkochen lassen und die Schopfschnitzel wieder einlegen. Auf kleiner Flamme ca. 10 bis 15 Minuten dünsten lassen und mit Salz und Pfeffer abschmecken.

Für den Krautsalat Kraut blanchieren und Speckwürfel zu Speckgrammeln auslassen. In einem Topf Zucker leicht karamellisieren lassen, mit Bier und Apfelsaft ablöschen, dann Apfelessig, Öl und etwas Wasser dazugeben und gut aufkochen lassen. Das blanchierte Kraut dazugeben und mit Salz, Pfeffer und Kümmel abschmecken. Kurz vor dem Servieren die Speckgrammeln dazugeben.

Die Erdäpfel mit der Schale kochen oder dämpfen, schälen, in zerlassener Butter mit Thymian schwenken und zum Schluss salzen.

Bierpalatschinken mit Schwarzbeeren

150 g Mehl
3 Eier
30 g Vanillezucker
75 ml Milch
75 ml Malzbier
Öl oder Butterschmalz
700 g Schwarzbeeren
Zucker
Butter
1 Schuss Malzbier
Obers

Mehl, Eier und Vanillezucker gut vermischen. Dann die Milch und das Bier zufügen und zu einem glatten Teig verarbeiten. Ca. eine Stunde ruhen lassen. Aus dem Teig goldbraune Palatschinken backen.
In einer Pfanne die Schwarzbeeren in etwas Butter und Zucker kurz schwenken und mit einem Schuss Malzbier ablöschen.
Die Palatschinken mit den Schwarzbeeren und dem geschlagenen Obers anrichten, eventuell mit Schokoplättchen verzieren.

Brombeer-Schokoturm

150 g Zartbitterschokolade
60 Brombeeren, mariniert mit Edelbrand

Ziegentopfen-Mousse

150 g Ziegentopfen
200 ml Weißbier, auf 100 ml eingekocht
50 g Zucker
250 ml Obers
3 Blatt Gelatine, in kaltem Wasser eingeweicht
1 EL Zitronensaft
Zimt

Pfirsich-Coulis

200 g Pfirsiche
6 cl Orangensaft
1 EL Honig

Schokolade vorsichtig schmelzen und dünn auf ein Backpapier auftragen, etwas abkühlen lassen. Danach pro Person 3 Scheiben mit ca. 4 cm Durchmesser ausstechen und kalt stellen.

Ziegentopfen und eingekochtes Bier gut vermischen, die eingeweichte Gelatine im Zitronensaft schmelzen lassen. Das Obers und die geschmolzene Gelatine mit dem Zucker aufschlagen und darunterziehen. Mit Zimt abrunden. Für 3 Stunden in den Kühlschrank stellen.

Für das Coulis alle Zutaten mixen und durch ein Sieb streichen. Eine Schokoladenscheibe in der Mitte mit der Mousse füllen und rundherum mit Beeren belegen. Dann die nächste Scheibe waagrecht darauflegen und wieder mit Mousse und Brombeeren belegen. Abschließend die dritte Scheibe als Abdeckung auflegen und nach Fantasie garnieren, mit dem Pfirsich-Coulis servieren.

Tipp: Wenn Sie die Ausstechform ein wenig erwärmen, lassen sich die Schokoscheiben problemlos ausstechen1

Ofenschlupfer mit Porter-Sabayon

Ofenschlupfer

4 Scheiben Brioche, in 1 cm große Würfel geschnitten
2 Äpfel, geschält, entkernt, in 1 cm große Würfel geschnitten
je 1 TL Rosinen und Korinthen
1 TL Mandeln, gestiftelt und geröstet
4 cl Rum
100 ml Schlagobers
100 ml Milch
1 Pkg. Vanillezucker
3 TL Zucker vermischt mit etwas Zimt
4 Eier
2 Feigen, halbiert
etwas Portwein
etwas Porter
1 EL Zucker

Sabayon

80 g Porter
80 g Wasser
40 g Rohrzucker
4 Eidotter
Schale von ½ Zitrone, gerieben

Für die Ofenschlupfer alle Zutaten außer den Eiern gut vermischen und erst zum Schluss die verquirlten Eier unterheben. In gebutterte feuerfeste Portionsförmchen füllen und bei 180 °C ca. 25 Minuten backen. Man kann zur Masse auch eine Apfel-Topfen-Mischung dazugeben.
Die Feigenhälften in Portwein und Porter mit 1 EL Zucker karamellisieren.

Für das Sabayon alle Zutaten in einem Schneekessel oder einer Glasschüssel im heißen Wasserbad cremig aufschlagen.

Die Ofenschlupfer auf die Teller stürzen, mit der Sabayon nappieren, die Feigen verteilen und sofort servieren.

Preiselbeerlasagne mit Dunkelbiercreme gratiniert

Preiselbeermasse
300 g Preiselbeeren
300 g Zucker
2 cl Rotwein
1 cl Kirschwasser

Marzipanbechamel
200 g Marzipanmasse
100 ml Milch
1 TL Kirschwasser
5 Tropfen Rosenwasser
Butter

Crêpeteig
130 g Mehl
200 ml Milch
2 Eier
1 EL Honig
2 EL Nüsse (nach Gusto), fein gerieben
1 EL Butter, geklärt

Dunkelbiercreme
3 Eidotter
125 ml dunkles Bier
60 g Butter
3 Eiklar
50 g Zucker

Für die Preiselbeermasse Preiselbeeren mit Zucker gut vermischen. Rotwein einkochen (reduzieren), Preiselbeeren zugeben und kurz aufkochen. Mit Kirschwasser abschmecken.
Für die Marzipanbechamel die Marzipanmasse in heißer Milch auflösen und mit etwas Butter zu einer dicklichen Creme glatt rühren. Mit Kirsch- und Rosenwasser abschmecken, etwas Butter einschlagen.
Aus Mehl, Milch, Eiern, Honig, fein geriebenen Nüssen und geklärter Butter einen Crêpeteig herstellen. Vor der Verarbeitung 4 bis 5 Stunden im Kühlen ruhen lassen. Danach dünne Crêpes backen.
Für die Dunkelbiercreme die Eidotter mit dem Bier im Wasserbad aufschlagen, Butter einarbeiten und die Masse kalt schlagen. Die Eiklar mit Zucker steif schlagen und unter die Masse ziehen.
Den Boden einer gebutterten Auflaufform mit Crêpes belegen und mit der Marzipanmasse bestreichen. Darauf die Preiselbeermasse verteilen, noch einmal eine weitere Schicht Crêpes darauflegen und das Ganze wiederholen, zum Schluss mit der Dunkelbiercreme bestreichen und überbacken.
Vor dem Servieren mit Zimt und Staubzucker bestreuen!

Bierkrapfen

von Flecks Bier, Frohnleiten

2 Eier
125 g Zucker
600 g Mehl
2 Pkg. Backpulver
500 ml FLECKS Weizenbier
800 g Fett

Eier schaumig schlagen und nach und nach den Zucker zugeben.
Danach die Mehl-Backpulver-Mischung unterrühren und im Anschluss das FLECKS Weizenbier dazugeben. Die Masse nun mit einem zuvor mit Wasser benetzten Löffel portionieren und im heißen Fett ca. 10 Minuten goldbraun backen.
Bierkrapfen abkühlen lassen und mit Staubzucker bestreut servieren.

Minibrioches mit Bier-Karamellsauce

250 g Mehl
½ Würfel frische Germ
1 TL Zucker
3 EL Milch, lauwarm
100 g Butter
2 Eier
Salz
Fett für die Förmchen
150 g Zucker

Bier-Karamellsauce
500 ml dunkles Bier
100 ml Obers
1 Eidotter
Kirschen bzw. Brombeeren,
je nach Jahreszeit
rote Pfefferkörner
12 Muffinförmchen

Das Mehl in eine Schüssel sieben und in die Mitte eine Mulde drücken. Die Germ hineinbröckeln und mit dem Zucker und der lauwarmen Milch verrühren. Zugedeckt 15 Minuten gehen lassen. Inzwischen die Butter in einem kleinen Topf schmelzen und mit den Eiern und dem Salz zum Vorteig geben. Alles mit dem Knethaken des Mixers durcharbeiten. Dann den Teig mit den Händen kräftig kneten, bis er Blasen wirft. Das Backrohr auf 200 °C vorheizen. Die Förmchen einfetten. Den Teig erst zu einer Rolle formen, dann in 12 etwa gleich große Stücke teilen. Aus jedem Stück eine tischtennisball- und eine kirschgroße Kugel formen. Erst die große Kugel in das Förmchen geben, dann die kleine daraufsetzen. Die Förmchen auf ein Blech stellen und weitere 10 Minuten gehen lassen.

Inzwischen für die Sauce den Zucker in einer Kasserolle schmelzen, mit dem Bier ablöschen und um die Hälfte reduzieren. Das Obers unterrühren und um ein Drittel einkochen, dann abkühlen lassen.

Eidotter verquirlen, die Brioches damit bestreichen und auf mittlerer Schiene im Backofen 15 bis 20 Minuten backen. Die Brioches etwas auskühlen lassen und aus den Förmchen nehmen. Mit Zucker bestreuen und mit der Sauce anrichten. Mit Kirschen und roten Pfefferkörnern garnieren.

Gebackene Apfelmäuse in Altbier-Sabayon

750 g Äpfel
Schale (gerieben) und Saft von ½ Zitrone
200 ml Altbier
200 ml Wasser
250 g Mehl
2 Eidotter
Salz
2 Eiklar
Öl zum Frittieren

Sabayon
4 EL Altbier
Wasser
40 g Zucker
4 Eidotter

Äpfel schälen, Kerngehäuse ausschneiden und sehr fein schneiden oder raspeln, mit etwas Zitronensaft vermischen.
Bier, Wasser, Mehl, Eidotter, Zitronenschale, Saft und Salz zu einem glatten Teig verrühren. Das steif geschlagene Eiklar vorsichtig unterheben. Jetzt die Äpfel unter den Teig mischen.
Den Teig portionsweise im heißen Öl knusprig braun ausbacken. Herausnehmen, auf Küchenpapier abtropfen lassen und warmstellen.
Für das Sabayon alle Zutaten nacheinander in einer Schneeschüssel im Wasserbad mit dem Schneebesen zu einer konsistenten, schaumigen Masse aufschlagen. Auf Teller verteilen und die Apfelmäuse auf dem Sabayonspiegel platzieren und sofort servieren.

Geeiste Biercreme mit Powidl

5 Stück Würfelzucker und 1 Orange
(oder 4 EL Cointreau)
Doppelmalzbier
4 Eidotter
2 EL Zucker oder Honig
250 ml Obers
100 g Powidlmark
250 g frische Zwetschken
kandierte Orangen
Waffeln

Die Zuckerwürfel an der gewaschenen Orange reiben. Orangenzucker (oder Cointreau) mit dem Bier, den Dottern und dem Zucker über Dampf zur Creme aufschlagen. Die Creme in Eiswasser kalt schlagen, das geschlagene Obers unterheben, in Förmchen füllen und tiefkühlen. Creme stürzen, mit Powidlmark überziehen und mit frischen Zwetschken und kandierten Orangen garnieren. Dazu Waffeln reichen.

„Long Neck“-Bierroulade

Dunkler und heller Biskuitteig

4 Eiklar
160 g Staubzucker
1 Pkg. Vanillezucker
½ Pkg. Backpulver
4 EL Bier (2 EL helles oder Honigbier,
2 EL dunkles Bier)
4 Eidotter
100 g Mehl
50 g Stärkemehl
1 TL Backpulver
2 EL Kakao

Creme

2 Blatt Gelatine
65 ml Weizen-Holler-Bier
125 g Ricotta
125 g Sauerrahm
60 g Zucker
200 g Beeren (Himbeeren, Schwarzbeeren ...)

Der abgebildete Bierflaschentyp wird im Englischen „Long Neck“ genannt, diesem Umstand verdankt dieses Gericht seinen Namen.

HOCHLAND
HONIGBIER
www.diehochlandimker.at

Für das Biskuit das Eiklar sehr steif schlagen, den Zucker und den Vanillezucker nach und nach unter ständigem Rühren einstreuen. Eidotter mit Bier verrühren, dann vorsichtig unter den Schnee heben. Masse teilen. Die eine Hälfte des Mehls, des Stärkemehls und des Backpulvers mischen und sieben. Auf die eine Hälfte der Eiermasse geben und sorgfältig und zügig unterheben. Mit der zweiten Hälfte der Mehlmischung genauso verfahren, allerdings noch den Kakao beigeben.

Auf einem Papier in Backblechgröße ein sehr unregelmäßiges und krummes Gitter vorzeichnen, dann noch ein durchscheinendes Backpapier darüberlegen und das Ganze auf ein Backblech legen. Mit der hellen Masse nach der Vorzeichnung das helle Muster aufspritzen und bei ca. 180 °C Ober- und Unterhitze 2 bis 3 Minuten anbacken. Jetzt die dunkle Masse darüberstreichen und ca. 10 bis 12 Minuten fertig backen.

Für die Füllung Gelatine in kaltem Wasser einweichen und in erwärmtem WeizenHollerBier auflösen, dann die restlichen Zutaten untermischen.

Die Roulade mit der Creme füllen, zusammenrollen und mit Beeren garniert servieren.

Bierpralinen

100 ml dunkles Bier
50 g Gelierzucker
100 ml Obers
300 g weiße Schokolade
100 ml Bierbrand

Das Bier und den Gelierzucker zu einem Gelee verkochen und damit Pralinenformen (Halbschalen) halb füllen und abkühlen lassen.
Das Obers kurz aufkochen, vom Herd nehmen, etwas abkühlen lassen und die fein gehackte Schokolade einrühren. Dann den Bierbrand dazugeben. Die Schokoladencreme abkühlen, bis sie spritzfähig ist.
Die Halbschalen mit der Creme mithilfe einer Spritztüte voll auffüllen.
Im Kühlschrank aushärten lassen und in Pralinenförmchen aus Papier servieren.

Bierschaum mit Mandel-Bier-Krokant

2 EL Zucker
100 ml dunkles Bier
250 ml Obers, geschlagen
125 g Frischkäse oder Mascarpone
1 Pkg. Vanillezucker
1 EL Staubzucker
100 g Zucker
50 ml helles Bier
1 EL Mandeln, gehobelt und zerkleinert
8 Waffeln

Zucker in einer Pfanne vorsichtig karamellisieren und mit dunklem Bier ablöschen. Wenn sich das Karamell aufgelöst hat, abkühlen lassen.
Obers aufschlagen, mit Staub- und Vanillezucker vermengen, mit dem Frischkäse glatt rühren und das Zucker-Biergemisch unterrühren. In Förmchen abfüllen und kalt stellen.
Für das Mandel-Bier-Krokant den Zucker mit dem hellen Bier aufkochen, bis er hellbraun karamellisiert. Die Mandeln dazugeben, auf eine geölte Alufolie gießen, mit Folie abdecken und mit einem Nudelholz dünn ausrollen. An einem kühlen Ort fest werden lassen. Bierschaum auf Waffeln stürzen und mit Krokantstücken und eventuell Beeren garniert servieren. Man kann auch aus einem dünnen Brandteig aus ca. 5 mm dicken Strängen ein Gitter backen und das als Unterlage für das Gericht nehmen.

Biergugelhupf

100 g Rosinen
175 ml helles Bier
Rum
100 g Butter, zimmerweich
180 g Staubzucker
8 Eidotter
100 g Keksbrösel
80 g Mandeln, gerieben
8 Eiklar

80 g Kristallzucker
Salz
20 g Stärkemehl
Schale von ½ Zitrone, gerieben
Zimt
Butter und Brösel für die Form
100 g Staubzucker
2 EL Mandelstifte

Die Rosinen in Bier mit etwas Rum ca. eine Stunde marinieren. – Damit bekommt der Gugelhupf eine herrliche Biernote. Wer keine Rosinen mag, sollte für die Teigmasse anstatt der eingeweichten Rosinen nur das Bier, aber dafür ein intensiveres oder ein einreduziertes Bier verwenden.
Backrohr auf 180 °C vorheizen, eine Gugelhupfform mit Butter ausstreichen und mit Bröseln ausstreuen.
Die weiche Butter mit Staubzucker schaumig schlagen und die Eidotter nach und nach langsam einrühren.
Die Brösel und Mandeln dazugeben und die Rosinen mitsamt der Marinade unterrühren. Eiklar mit Kristallzucker und einer Prise Salz steif schlagen, vorsichtig die Stärke unterrühren und den Schnee unter die Masse ziehen. Die Zitronenschale und etwas Zimt einrühren. Masse in die Gugelhupfform füllen und ca. 45 Minuten backen. Staubzucker mit 2 EL Bier zu einem Zuckerguss verrühren.

Den gestürzten und ausgekühlten Gugelhupf mit dem Bier-Staubzuckerguss und den Mandelstiften verzieren.

Schokolade-Bieramisu

4 Eidotter
60 g Kristallzucker
Salz
Mark einer ½ Vanilleschote
300 g Mascarpone
1 Blatt Gelatine,
in kaltem Wasser eingeweicht

Schokoladen-Mousse
50 ml Milch
50 ml Obers
100 g Bitterkuvertüre
100 ml Schlagobers, cremig geschlagen
4 Tassen Espresso
200 ml dunkles (Weizen) Bier
6 cl Kaffee- oder Bierlikör
1 Packung Biskotten (ca. 20–25 Stück)
Schokokeksbrösel
Kakaopulver

Eidotter, Zucker, Salz und Vanillemark gut vermischen und über Wasserdampf schaumig rühren, bis sich alles gelöst hat. Die Gelatine zugeben und ebenfalls auflösen lassen. Die Masse im kalten Wasserbad kalt rühren und anschließend den Mascarpone nach und nach unterrühren.
Für die Schokolade-Mousse die Milch mit 50 ml Obers aufkochen. Die Kuvertüre dazugeben und rühren, bis diese geschmolzen ist. Wieder abkühlen lassen und das cremig geschlagene Obers unterziehen.

Frisch zubereiteten Espresso mit Likör und Bier vermischen, darin die Biskotten kurz tränken und die Dessertschalen damit auslegen. Abwechselnd mehrmals hintereinander Mascarponecreme und Schokolade-Mousse darüber glatt streichen und wieder mit getränkten Biskotten belegen. Den Abschluss sollte die Mousse bilden. Abgedeckt über Nacht kalt stellen.
Vor dem Servieren die glatt gestrichene Oberfläche dick mit Schokokeksbröseln bestreuen, Kakaopulver darübersieben und mit schokogetunkten Biskotten servieren.

Schokolade-Bier-Cola-Kuchen mit karamellisierten Biermarillen

Biermarillen
200 g Marillen, entsteint, geachtelt
125 ml helles Bier
75 g Zucker
1 TL schwarzer Pfeffer, geschrotet

Kuchenteig
200 g Butter
200 ml Altbier
200 ml (Coca) Cola
220 g Mehl (Type universal)
3 TL Backpulver
¼ TL Natron
50 g Kakao
2 Eier
240 g Zucker

Ganache
250 ml Obers
30 g Butter
1 EL Honig
200 g Zartbitterkuvertüre
Nussmix, gehackt und geröstet

Zucker hellbraun karamellisieren, mit Bier ablöschen, aufkochen lassen, bis sich der Zucker auflöst. Dann die Marillen beigeben und ca. 4 bis 5 Minuten mitkochen, dann wieder herausnehmen. Den Pfeffer dazugeben und ziehen lassen. Butter in Altbier und Cola schmelzen.

Mehl, Backpulver, Natron, Kakao zusammen durchsieben. Eier und Zucker aufschlagen und langsam mit den Zutaten vermengen. Teig in eine befettete Kuchenform füllen und bei 180 °C ca. 45 Minuten backen. Eine halbe Stunde rasten lassen.

Für die Ganache Obers und Butter aufkochen und den Honig und die klein geschnittene Kuvertüre einrühren. Den Kuchen aus der Form nehmen, mit der Ganache übergießen und kühl stellen.

Beim Anrichten die Kuchenstücke mit dem Rücken in einen Nussmix oder in Erdnusskrokant tauchen und auf dem Marillenspiegel servieren.

Pilsner Heißschale

1 l Pils
100 g Zucker
4 Dotter
1 Stange Zimt
1 TL Ingwer, gemahlen
Schale von 1 Zitrone, gerieben

Pils mit Zucker, Zimtstange, Ingwer und Zitronenabrieb aufkochen und etwas abkühlen lassen. Dann die schaumig geschlagenen Dotter vorsichtig einrühren und nochmals kurz aufkochen. Die Zimtstange entfernen und sehr heiß servieren.

Anhang

Rezeptregister | Bildnachweis | Glossar
Brauereien in Österreich
Dank | Autorenbiografie

Rezeptregister

Literatur und Quellen

Einen umfangreichen Literatur- sowie Quellennachweis finden Sie unter www.pustet.at

Bildnachweis

Andreas Hänsel/Papierwelten: 11, 12 (rechts), 14
Andreas Scheucher: 78
Andreas Turk: 31
Archiv Sluga: 8, 9, 12 (links), 13, 15, 30, 254
Axel Kiesbye, Bierkulturhaus: 36
Bierschmiede: 50
Brauerei Frastanz: 16, 61
Brauerei Gusswerk: 55
Brauerei Hofstetten: 52
Brauerei Schloss Starkenberg: 60
Bruckners Bierwelt, Erzbräu Bruckner, imagefoto, theo kust: 41
diebrauerei Leutschach: 67
Erzbergbräu: 70
Flecks Steirerbier, Ulrike Rauch: 68
Herzog Bier, ©pixelmaker.at: 72
Laxenburger Brauhandwerk, Tanja Hofer: 43
Max und Malz Privatbrauerei, Silvia Zellinger: 54
Pinzgaubräu, Michael Huber: 57
Shilling Bier, Königshofer: 55
Shutterstock.com: Umschlag u. 2/3: Love the wind; 6, 37: demarcomedia; 28/29: Chones; 87: Kishivan; 88/89, 240/241: ArtemSh; Bierglas-Illustrationen: Happy Job.
Tschöams Biere: 48
Werner Krug: Foodfotografie

Glossar

Asmonte	würziger Hartkäse aus Österreich, anstelle von Parmesan zu verwenden
Beuschel	Lunge und Herz
Chorizo	eine ursprünglich aus Spanien und Portugal stammende würzige, feste, grobkörnige, mit Paprika und Knoblauch gewürzte Rohwurst vom Schwein
Eierschwammerl	Pfifferlinge
Einbrenn	braune Mehlschwitze
Erdäpfel	Kartoffeln
Faschiertes	durch den Fleischwolf gedrehtes Fleisch
Fisolen	grüne Bohnen
Fleur de Sel	die sogenannte Salzblume ist das beste Meersalz, das als Erstes auskristallisiert
Germ	Hefe
Geselchtes	Selchfleisch; allgemeine Bezeichnung für gepökelte oder kalt geräucherte Fleischstücke von Schwein oder Rind
Grammeln	Grieben
Harissa	Gewürzpaste aus Chilischoten, Kreuzkümmel, Koriander, Knoblauch, Salz und Olivenöl
Karotte	Mohrrübe
Kernöl	Kürbiskernöl, aus gerösteten Kürbiskernen gepresstes Speiseöl
Kohl	Wirsing
Kren	Meerrettich
Laibchen, Laiberl	Frikadelle, Bulette
Lauch	Porree
Lungenbraten	Filet, Lendenstück
Marillen	Aprikosen
Melanzani	Auberginen
Obers	Schlagrahm, Sahne
Oberskren	Sahnemeerrettich
Palatschinken	Pfannkuchen, Eierkuchen
Paradeiser	Tomaten
Polenta, -grieß, -mehl	Maisgrieß, -mehl
Reiberdatschi	Kartoffelreibefladen
Ribisel	Johannisbeeren
Ricotta	Molkenkäse
Rotkraut	Rotkohl

Sauerkraut	Sauerkohl
Sauerrahm	saure Sahne
Selchspeck	Rohpökelware mit noch anhaftendem Fettbindegewebe von Schweinefleisch wie Schopf (Hals), Schulter, Karree (Rücken), Bauch oder Schlegel (Schinken, Bein)
Schlagrahm	Schlagobers, süße Sahne
Schwammerl	Pilze
(Schweine-)Schmalz	ausgelassenes Schweinefett
Schweinsnuss	Teil der Schweinskeule
selchen, Selch-	räuchern, Räucher-
Semmel	Weißbrötchen
Semmelbrösel, Brösel	Paniermehl aus trockenen Semmeln bzw. Weißbrot
Senf	Mostrich
stauben	mit etwas Mehl eine sämige Konsistenz bei Soßen bzw. Suppen erzeugen
Staubzucker	Puderzucker
Suppengrün	Petersilie, Sellerie (Blattwerk und Wurzeln), Liebstöckel, Lauch, Karotten

Tahina, Tahini	aus der arabischen Küche stammende Paste aus fein gemahlenen Sesamkörnern, Grundzutat für Hummus (Kichererbsenbrei).
Tandoori, Tanduri	indische Gewürzmischung zum Marinieren von Fleischgerichten; Bestandteile sind u. a. gemörserte Chili, Kreuzkümmel, Koriandersamen, manchmal noch Safran
Topfen	Quark
Vinaigrette	Salatmarinade
Vogerlsalat	Feldsalat, Rapunzelsalat
Weichseln	Sauerkirschen
Wurzelgemüse, Wurzelwerk	Selleriewurzel, Petersilwurzen und Karotten
Zesten	kleine gerissene Schalen z. B. von Zitronen oder Orangen
Zwetschke	Pflaume

Brauereien in Österreich (345, Stand Februar 2020)

Burgenland (9)

Die Bierquelle, Heugraben
Freibrauerei Maurer, Güssing
Golser, Privatbrauerei Gols GmbH, Gols
Kobersdorfer Schloßbräu, Kobersdorf
Lakeseidel, Neusiedl am See
Leitha Bräu, Leithaprodersdorf
Pappelbräu, Mattersburg
Privatbrauerei Braugasthof Schmidt, Rabenbräu, Neustift/Lafnitz
Storchenbräu, Untersiebenbrunn

Kärnten (23)

Biermanufaktur Loncium, Kötschach-Mauthen, *2007
Brauerei Braumann, Diex
Brauerei Breznik, Bleiburg, *2007
Brauerei Hirt, Micheldorf, *1270
Brauerei Shilling, Radenthein, *2013
Edeltraud Handwerksbrauerei, Arriach, *2016
FEIN Brewery, 9583 Faak am See
Gelter Bräu, Sankt Veit an der Glan, *2015
Halle Bräu, Glanegg, *2016
Jauntaler Bauernbier Familie Sorger, Gallizien
Katschberg Brauerei, Spittal an der Drau
Lieserbräu, Spittal an der Drau
Mahler Artisan Brewery, Klagenfurt
Malle, Villach, *2014
Möll Valley Brewery, Penk
Mühlenbräu Oschenitzen, Völkermarkt, *2015
Prewstone Brewing GesbR, 9601 Arnoldstein
Schleppe Brauerei, Klagenfurt, *1607
Stamperl Katschberg, Rennweg am Katschberg, *2015
THE SATISFACTORY Gärage, Spittal an der Drau
Turmbräu Melcher, Villach, *2008
Villacher Brauerei, Villach, *1858
Wimitzbräu, Kraig, *2011

Niederösterreich (85)

2514 Bier Privatbräu Leimer, Traiskirchen
6 beers brewing company, Breitenfurt
Adlerbräu, Tulln, *2004
Allander Stierkogl Bräu, Alland, *2008
Antonius Bräu, Leobersdorf, *2015
Baeckert's Brauerei, Pfaffstätten
Bahnhofsbräu, Ober-Grafendorf, *2015
Bärenbräu, Gänserndorf
Beerstarter GmbH Brauhaus, Prugg
Bierkanter Hofbrauerei, Winklarn
Biermacherei Bugelmüller, Korneuburg, *2017
Bierwerkstatt Thomas Fritsche, Siegersdorf
Bierwerkstatt Weitra, Weitra
Birgl Bräu, Hürm Inning
Brau Union Österreich AG; Brauerei Schwechat
Brau Union Österreich AG; Brauerei Wieselburg, *1770
Brau.Hand.Werk.Knaller, Lilienfeld
Brauerei Dangl, Japons
Brauerei Hainfeld, Hainfeld, *1757
Brauerei Schrems, „Schremser“, Schrems, *1666
Brauerei Schwechat, Schwechat, *1796
Brauerei Zusag, Lichtenwörth, *2015
Brauhaus Marchart, St. Andrä-Wördern, *2014

Brauhaus Wösendorf Friesenbichler OG
Brauhotel Weitra, Weitra
Brauküche 35, Hollabrunn
BrauSchneider, Krems Land
Brettner, Schottwien, *1993
Bruckners Bierwelt, „Erzbräu“, Gaming
Craftlackl, Haid
Dampfplaudara, Allhartsberg
Dok's Brewery, Melk
Dunkelsteiner Bräu, Karlstetten, *2008
Emmerberg-Bräu, Winzendorf
Erste Nöhagener Braugenossenschaft eG
Fiaker Bräu, Langenlois
Gablitzer Privatbrauerei, Gablitz
Gasthof Diewald, Raach am Hochgebirge, *1998
Geroldinger Brauhaus, Gerolding, *2013
Haßbacher Braueck, Neunkirchen, *2012
Holy Bräu, Haugsdorf
Holzb(r)auer, Warth, *1996
Hölzl Bräu, Wieselburg, *2006
Hopfenartisten, Mödling, *2016
Hopfenspinnerei, St. Pölten
Hubertus Bräu, Laa an der Thaya
Kartause Gaming, „Kartausenbräu“, Gaming
Kastner Bier, Kasten bei Böheimkirchen
Kirchberger Bier, Kirchberg am Walde
Kurv'n Bräu Nestler, Staatz
LangenrohrerErlebnisBrauerei, Tulln
Laxenburger Brauhandwerk, Laxenburg
Linko Bräu, Traisen
Marchfelder Storchenbräu, Untersiebenbrunn
Mei Durscht Lang, Kottingbrunn
Perschling Bräu, Perschling
Petri-Bräu Hausbrauerei Sigl, Sankt Veit an der Gölsen
Privatbrauerei Fritz Egger, Unterradlberg
Privatbrauerei Gerald Schwarz, Krumbach, *2010
Privatbrauerei Maria Pichler, Schönbach
Privatbrauerei ME, Allensteig
Privatbrauerei Michael Zeisel, Neunkirchen
Privatbrauerei Schneebergbräu, Würflach
Privatbrauerei Zwettl, Zwettl
Raxbräu, Payerbach (Gasthausbrauerei)
Schlossbrauerei Walpersdorf, Inzersdorf-Getzersdorf
s'Edla Craft Bier, Amstetten
Senninger Bier-Manufaktur, Korneuburg
Siedinger Bräu Gruber, Neunkirchen
Siegersdorfer Brauwerkstatt, Baden Pottendorf
Specht Bierbrauerei GmbH, Sieghartskirchen
TSCHÖAMs BIERE, Maria Enzersdorf
Türnitzer Bier, Steinbachbräu, Türnitz
Wagram Bräu, Fels am Wagram
Walleri's Hausbräu, Texing
Wanderbrauer KG, Ährenwerk, Katzelsdorf
WieNeuBräu, Wiener Neudorf
Winzerbräu Hofbauer Unterretzbach
Wirtshausbrauerei Haselböck Haselbräu, Münichreith a. Ostrong
Wirtshausbrauerei Fiaker Bräu Langenlois,
Wolfsbräu, Schreiblingkichen-Thernberg
Xandlbräu, Waidhofen an der Thaya, Vitis
Ybbstal Bräu Gasthaus Hehenberger, Waidhofen/Ybbs, * 1997
Zebedäus Bräu, Zellerndorf
Zecherbräu, Enzenreith, *1991

Oberösterreich (71)

1. Innviertler Hausbrauerei Bogner, Braunau
3 Prinzen Bräu – Ischler Bier
Baumgartner Brauerei, Schärding
Bierschmiede, Steinbach am Attersee
Bratl Bräu, St. Georgen am Walde
Bräu am Berg, Frankenmarkt
Brau Union Österreich AG; Brauerei Zipf, Zipf
Brau-Boutique, St. Stefan-Afiesl
Braucommune Freistadt, Freistadt
Brauerei Aspach GmbH, Aspach
Brauerei Attersee GmbH, Straß im Attergau
Brauerei Bachner, Unterriedl
Brauerei Bräu am Berg, Starzinger KG, Frankenmarkt
Brauerei Grieskirchen, Grieskirchen
Brauerei Hofstetten, Sankt Martin im Mühlkreis
Brauerei Josef Baumgartner, Schärding
Brauerei Kaltenböck, Attersee
Brauerei Pachinger Pfeiffi's Bräu, Ampflwang
Brauerei Raschhofer, Altheim
Brauerei Ried, Ried im Innkreis
Brauerei Schloss Eggenberg, Vorchdorf
Brauerei Schnaitl, Eggelsberg
Brauerei Vitzthum, Uttendorf
Brauerei Wurmhöringer, Altheim
Brauerei Zipf, Neukirchen an der Vöckla
Brauhaus Traun, (Trauner Bier), Traun
Brauhaus zum Gugg, Gampern
Brauhof Goldberg, Schiedlberg
Craftwerk Braupub, Großraming
Die Marktbrauerei, Linz
Dietrachinger Hausbrauerei, Moosbach
Dörnbacher Floriani-Bräu, Wilhering
Eder Bräu, Kefermarkt Pregarten
Ernstinger Wirt's Bräu, Ostermiething
Gasthausbrauerei Zum Alfons, Rutzenham bei Schwanenstadt
Gerstlbräu, Wels
Gutshofschenke Staffelmayr, Steyr
Hofbrauerei Preuner Ramp'n Bräu, Frankenburg am Hausruck
Josef Stadtbräu, Linz
Kanonenbräu, Schärding
Kellerbrauerei Mitterbucher & Söhne, Ried im Innkreis
Kemmet Bräu, Windischgarsten
Kleinbrauerei Schmidthaler
Leimer-Bräu, Lenzing
Leonfeldner, Bad Leonfelden
Max und Malz Privatbrauerei, Neumarkt-Kallham
Michaeli Bräu, Leonding
Miti-Bräu, Gutau
Neufeldner BioBrauerei, Neufelden
Privatbrauerei Argus-Bier, Schörfling am Attersee
Privatbrauerei Pfesch OG, Treubach, *2014
Raaber Bier, Raab, *2012
Raschhofer, Altheim
Ritterbräu, Neumarkt im Hausruckkreis
Römerbräu, Römerhof am Irrsee
Sandberg Bräu, Kremsmünster
Schlossbrauerei Weinberg, Kefermarkt
Schwertberger Bräu, Schwertberg
Steffinger Lepus-Bräu, St. Stefan-Afiesl
Steyrer Bräu, Steyr
Stiegl-Gut Wildshut, St. Pantaleon-Wildshut

Stiftsbrauerei Schlägl, Aigen im Mühlkreis
Syndicate Brewers, Sperken
The Beer Buddies Brewing Company, Tragwein
Thorbräu Laska, Ottensheim
Trappistenbrauerei, Stift Engelszell
Trauner Bier, Traun
Voralpenbräu, Sattledt
Wenzl Privatbräu, Wernstein am Inn, Wimberg
Woigartlbräu, Schalchen
Zeller Craft Bier, Zell am Pettenfirst

Salzburg (30)

Allerberger Bräu, Salzburg
Anton Wallner Bräu, Krimml
Augustiner Bräu Kloster Mülln, Salzburg
Biermanufaktur Die Weisse Brauerei, Salzburg
Bramsau-Bräu Fam. Weissenbacher, Faistenau
Brau Union Österreich AG; Hofbräu Kaltenhausen, Hallein-Kaltenhausen
Brauhaus Gusswerk, Salzburg
Bräurup, Mittersill
Erste Wolfgangseer Braugesellschaft mbH, Strobl
FRANZ Der Brauer, Bergheim
Großarltaler Wochtabier, Großarl
Hausbrauerei Allerberger, Wals-Siezenheim
Hubertus Gasthof & Bierkultur, Saalbach
ISI-Bräu, Salzburg
Kastner's Schenke, Salzburg
Kiesbye's BIERkulturHAUS, Obertrum
Kohlschnait Bräu, Bruck an der Glocknerstraße
Landgasthaus Weixen Familie Brandstätter, Seidlwinkl
Mandlbräu, Sankt Michael/Lungau
Mühltaler Brauerei, Mauterndorf
Pinzgau Bräu, Bruck an der Großglocknerstraße, *2015
Raggei-Bräu Johann und Manfred Stadler, Anthering
RBB Rolbrettbräu, Bad Vigaun
s'Kloane Brauhaus, Salzburg
Schmaranz Bräu, Bad Hofgastein
Sigls, Obertrum, Simal-Bräu
Stieglbrauerei zu Salzburg, Salzburg
Trumer Privatbrauerei, Obertrum am See
Zwergenbräu, Wenns

Steiermark (54)

Alefried, Graz
Bauernhofbrauerei Johann Schmallegger, Floing
Bauernhofbrauerei Neuwirth, Brodingberg bei Gleisdorf
Berger-Bräu, Sankt Jakob im Walde
Bevog Brewery, Bad Radkersburg
Bierwerkstatt, Ilz
Brau Union Österreich AG; Brauerei Göss, Leoben-Göss
Brau Union Österreich AG; Brauerei Puntigam, Graz
Brau Union Österreich AG; Schladminger Brau GmbH, Schladming
Brauerei Gratzer, Kaindorf bei Hartberg
Brauerei Seidl, Neumarkt
Brauhaus Bevog, Bad Radkersburg
Brauhaus Girrer, Mariazell
Diebrauerei, Leutschach
Eders Biobier, Fürstenfeld
Eule, Graz
Flamberger – Privatbrauerei Löscher, Sankt Nikolai im Sausal
Flecks Bier, Frohnleiten

Fürstenbräu, Fürstenfeld
Glöckl-Bräu, Glockenspielhaus, Graz
Großstübinger Leitn Bräu, Großstübing
Handbrauerei Forstner, Kalsdorf bei Graz
Hausbrauerei Seidl, Zeutschach
Herzog Hofbräu, Hausbrauerei Anita Herzog, Wundschuh
Hermax Bräu, Markt Hartmannsdorf
Hofbrauerei Wiener, Sankt Ruprecht an der Raab
Joglland Hoamatbräu, Birkfeld Waisenegg
Kofler Bräu, Rottenmann
Kulturbrauerei Hengist, Hengstberg
Landwerkstatt & Genusslabor POCK BIER, Weinburg
Laurenzi-Bräu, Gleisdorf
Lavabräu, Feldbach
Leit'n Bier, Großstübing
Moarbräu Moarpeter, Stubenberg am See
Murauer Bier, Murau
Nassauer City Bier, Unterbergla-Nassau
Nibelungengold – Brauerei & Destillerie Daniela Gruber, Fürstenfeld
Peterwirtsbräu, Bad Mitterndorf
Prasser Bräu, Tillmitsch
Privatbrauerei Erzbergbräu, Eisenerz
Putz'n Bräu, Pinggau
Richards Bieratelier, Leitring
Rudolf-Erlebnisbrauerei, Graz-Eggenberg
Sajacher Schlößl Bräu Privatbrauerei Wratschko-Neuhold Gabersdorf
Schwalben Bräu, Schladming
Schwannl Bräu, Köflach
St. Stefaner Privatbierbrauerei
Stubalm Brauerei, Köflach-Pichling
Sudhaus, Graz
Thalheim Bier, Thalheim
Tom & Harry, Kapfenberg
Toni Bräu – Kleinbrauerei Hofer, Wagenbach
Trieb-Bräu, Sankt Marein im Mürztal
WALHALLA GENUSSKULISSE, Pertlstein, Fehring

Tirol (36)

's 4er Brauerei, Hall in Tirol
Achenseebier, Eben am Achensee, *2010
Bierol, Schwoich, *2004
Branger Bräu, Unterperfuß
Brauerei Ebner, Absam, *2012
Brauerei Harald Franz Baumgartner, Innsbruck
Brauerei Schloß Starkenberg, Tarrenz
Braugasthof Glocknerblick, Kals am Großglockner
Brauhaus Rattenberg (Schau- und Hausbrauerei)
Braukunst Neidhartinger, Kolsass
CraftCountry Brewery, Hall in Tirol
Dorf-Alm – Stricker Bier (Schau- und Hausbrauerei), Holzgau
Familienbrauerei Huber, St. Johann in Tirol
Freundsberg 66, Schwaz
Gasthof Ebner Brennerei & Brauerei, Absam
Gasthofbrauerei Heustadl, Bergwang
GROK Tiroler Biermanufaktur, Wörgl
Haidenhof Wirtshausbrauerei, Lienz
Huber Bräu, St. Johann in Tirol
Klosterbräu Seefeld in Tirol
Kristall Brauerei, Alpbach
Loderbräu, Walchsee
Hausbrauerei Gasthof Mairwirt, Schwendt
Metzger Bräu, Tuxer Bier, Tux Lanersbach

Oldy Bräu, Imst
Ötztaler Brauhaus, Ötztaler Bier Niederthai/Umhausen
Privatbrauerei Kugler, Imst
s'Höf Bräuhaus, Tannheim
Stadl Bräu, Berwang-Rinnen
Theresienbräu, Innsbruck
Tiroler Bier, Innsbruck
Tuxertal Brauerei, Brau Union Österreich AG; Tux
Brauerei Falkenstein, Lienz
Vilser Bergbräu, Vils
Wildschönau Brauerei, Wildschönau
Zillertal Bier (älteste Privatbrauerei Tirols, gegründet 1500), Zell am Ziller

Vorarlberg (7)

Brauerei Egg, Simma, Kohler GmbH & Co KG, Egg
Brauerei Fohrenburg, Bludenz
Grabhers Sudwerk, Bregenz
Mohrenbrauerei August Huber, Dornbirn
Omes 2557 Brauerei, Lech
Panülerbräu, Nenzing
Frastanzer Bier, Vorarlberger Brauereigenossenschaft Frastanz

Wien (30)

100 Blumen Brauerei, Der Belgier Brewing, HQ-Bier, 23., *2016,
1516 Brewing Company, 1., *1999
Beaver Brewing Company, 9., *2015
Bräuhaus Ten.Fifty, 10., *2018
Braumanufaktur Schalken, 16., *2018
Brauwerk, 16.
Brew Age, 6.
Collabs Brewery, 15.
Drunken Unicorn Brewery, 19.
Fischerbräu, 19., *1985
K. & K. Brauereigesellschaft, 2.
Laurenz4, 5.
Lichtenthaler Bräu, 9., *2012
Medl-Bräu 1. Penzinger Gasthofbrauerei, 14., *1989
Muttermilch Brewery, 6., *2017
Next Level Brewing, 12.
Nussdorfer Kuchlbräu, 19.
Ottakringer Brauerei, 16., *1837
Ottakringer Brauwerk, 16., *2014
Rodauner-Biermanufaktur, 23.
Roter Hiasl, 22., *2012
Salmbräu, 3., *1994
Siebensternbräu, 7., *1994
Stadtbrauerei Schwarzenberg, 1.
The Highlander, 9., *2000
Thrasher Brewery, 9.
Treibhaus Privatbrauerei, 11.
WASTED Biobier, 2.
Wieden Bräu, 4., *1991
Xaver Brauerei, 16., *2013

In Conrad Seidls Bier Guide – den ich hier explizit nenne – sind 2019 außerdem für Österreich vier Dutzend Bierspezialitätengeschäfte und an die 1200 ausgewiesene Bierlokale erwähnt. Siehe bier-guide.net.

Ohne Wertung und Reihenfolge geht mein Dank an:

Braumeister Hans Seidl, Dipl.-Ing. Andreas Turk (Fotobeiträge), Andreas Hänsel/Papierwelten (Ansichtskarten), LSA international und Vertriebsagentur Christian Wechsler sowie www.vega-direct.at (Biergläserfotos), Ing. Andreas Fischerauer www.essig.at, Peter Musger, Hopfenbauverein Leutschach, Axel Kiesbye/www.bierkulturhaus.com (Unterstützung und Fotos), Diplom-Biersommelier Martin Retzl/Landesberufsschule Bad Gleichenberg und Diplom-Biersommelier Willibald Wolf/Tourismusschulen Bad Gleichenberg für Bierverkostungen und -beschreibungen.

Und vielen weiteren lieben Menschen, die mich inhaltlich und freundschaftlich unterstützten, ganz besonders meiner Frau Christine, habe ich großen Dank abzustatten.

Taliman Sluga

Der Kultur- und Kulinarikvermittler Taliman E. Sluga ist im Museums- und Ausstellungswesen tätig und veranschaulicht mit dem zentralen Thema „Essen und Trinken" historische Epochen und regionale Gegebenheiten. Seit 2005 ist Sluga auch Kochbuchautor. Der Österreicher ist Initiator der seit 2011 jährlich stattfindenden Kochbuchmesse Graz und des Österreichischen Kochbuchpreises *Prix Prato*. Ebenfalls von ihm im Verlag Anton Pustet erschienen: *Europäisches Weihnachtskochbuch: Rezepte · Bräuche · Spezialitäten* (2018)/*Christmas in Europe: Recipes · Customs · Specialities* (2019) sowie *Das österreichische Fisch-Kochbuch.*